成田
京成臼井
京成本線
N
Ⅲ 小竹
Ⅳ 上座
手繰橋
水神橋
手繰川
手繰不動尊
さくら道道標
熊野神社
四社大神
西福寺
上座
総合公園
小竹城址
出羽三山塚
道祖神社
志津
小竹川
Ⅰ 先崎
Ⅱ 青菅
成田山道道標
小竹三叉路
野仏群
蕨家長屋門
小竹小
正福寺
雲祥寺
公園
地区センター
旧青菅分校
女子大
設楽家住宅
千手院
コミュニティ
センター
大塚・小塚
先崎地蔵尊
青菅小
八社大神
井野長割遺跡
鷲神社
中学校
井野
井野小
井野中
Ⅴ 井野
ダイケン
史跡
学校等公共施設
十字路等目印になるところ
0
500m

歩いてみよう 志津

史跡・いまむかし

宮武孝吉 著

大空社出版

いまむかし 志津の面影

伝・原胤栄公坐像（宝樹院）　▷上座(79頁)
原胤栄は原氏最後の臼井城主
小坂義弘氏撮影　平成25年7月2日

設楽家住宅　▷青菅(42頁)
山中弘信氏撮影　平成19年12月

旧青菅分校　▷青菅(45頁)
平成27年4月10日

鷲神社大祭　▷先崎(27頁)
平成23・26年

四社大神大祭　▷小竹(63頁)
平成23年10月

熊野神社大祭　▷上座(85頁)
平成26年10月

小坂義弘氏撮影（この頁）

いまむかし 志津の面影

井野の辻切り　▷井野（108頁）
山中弘信氏撮影

どんどれえ　▷青菅（53頁）
山崎一夫氏撮影

西福寺境内出羽三山塚にて
▷上志津（138頁）　平成27年3月6日

四社大神大祭神輿渡御　▷小竹（63頁）
飯田富雄氏提供　平成29年10月14日

いまむかし 志津の面影

畑地かんがい井戸完成　▷上志津原(148頁)
昭和32年、水が出た！　開拓の村で

開通間もない昭和初期の志津駅　▷上志津(127頁)
京成電鉄株式会社提供

小竹三叉路野仏群　▷小竹(57頁)
平成10年頃の様子です。

改修前の梵天塚　▷井野([illegible])
平成11年7月、コンクリートで改修されました。

団十郎建立の成田山道道標　▷井野(114頁)
加賀清水[illegible]の角にあった頃の映像です。

はじめに

私たちの住む千葉県佐倉市は歴史のある街です。ご存知のように佐倉藩十一万石の城下町佐倉を中心に市内には名所旧跡が沢山あります。では市の中心から少し離れた志津はどうでしょうか。「志津にはなにもないでしょう。」―という声をよく聞きました。はたしてそうでしょうか。志津を訪ね歩いてみました。

調べてみると志津地区にもたくさん史跡が、文化財がありました。先崎、青菅、小竹、上座、井野、上志津、下志津―私たちの住む志津は、とても魅力あふれる郷土なのでした。そこで訪ね歩いた記録をまとめ、本にしました。

平成一二年七月、『志津の史跡と名所』という本を自費出版しました。すぐに完売し翌年には再版しましたがこれも平成二〇年頃には無くなってしまいました。もう再版はしないつもりでしたが、各所からのご要望があり、このたび再版することになりました。

ただ初版から一八年も経過しています。史跡をめぐる環境は変化していますし、新しい発見や知見の蓄積もあります。そこで大幅に書き換え、書名も『歩いてみよう　志津　史跡・いまむかし』と改め、改訂新版として発刊することになりました。

旧版のままの原稿と、書き改めた原稿と、新たに書き加えた原稿が混在して読みづらくなっている面があるかもしれませんが、ご容赦ください。

本書が、郷土のことに興味を持っていただくきっかけになれば幸いです。

この本を読む・使うにあたって

一　地区は旧村単位（現在の大字単位）を基本として七地域に分類しました。

二　各地域内の史跡・名所は、めぐる順路の一例として見出しに番号を付け配列しました。参考にしてください。

三　各史跡・名所内は、見どころを◘で立項し、内容に関連する用語や事項について**小解説**を施しました。また、特別記事をコラムとして収めています。（小解説・コラム一覧は10ページにあります。）

四　文化財などの指定は史跡の見出し内および指定該当箇所に明記しました。

五　本文の記事内容は、旧版（初版・平成一二年、第二版・平成一三年）を基本としていますが、その後から現在までの追加・補足がある場合は、取材年月などを明記して記述しました。

六　交通機関は、単純に地図上の最寄り駅・停留所を示しました。所在地はそこを起点にどのくらいの位置にあるかという目安です。新交通システムの正式名称は「ボナ」ですが、本書では「新交通システム」としました。

七　和暦には（碑文などの刻文中を含め）適宜西暦を添えました。

八　写真の撮影者は写で示しました。

九　地域別の扉裏にその地域の地図を、また、志津全体の主な史跡と名所、および志津の位置の地図を見返しに掲出しました。それぞれに記載の史跡・名所は主なものにとどめています。

十　原則として漢字は新字体を使用しました。

目次

小解説

・内容を補って五十音順に並べました。

コラム 目次

■は小解説

Ⅰ　先崎　21

水面に光る先崎の里

Ⅱ　青菅　39

歴史を感じさせられる旗本の村

Ⅲ　小竹　55

旧小竹村を歩く

Ⅳ　上座　75

旧上座村探訪

「志津」という地名の由来

私たちの住む「志津」。「志津」とはとてもすてきな地名ですが、この地名はどうして命名されたのでしょうか。
これにはいろいろな説があります。
　四つの津（入江、沼地）があったから、
　清水が湧いていたから、
　志津次郎胤氏が居城を構えていたから、
　織物の集団・倭文部《しとりべ》がいたから、
など諸説があります。
　織物とは倭文織《しづおり》のことで、昭和五一・五二年の飯郷作遺跡（佐倉西高等学校）の発掘調査で紡錘車が出土していることも、この説を勇気づけています。
　しかし、平成六年の上志津・干場遺跡の発掘調査で「清水」と書いた墨書土器が出てきたことから、「清水」説も有力です。

（参考文献）
一　八重尾比斗史「志津地名考」（『歴史研究』五月号、新人物往来社、昭和五九）
　八重尾等『郷土史探訪（一）』（「志津の地名考」所収）（八重尾等、平成五）
二　上山ひろし「志津地方の歴史　地名について・志津」（『わが町中志津二〇周年記念誌』中志津自治会、平成元）
　上山ひろし「志津地域の歴史的考察　地名の由来・志津」（『わが町中志津三〇周年記念誌』中志津自治会、平成一〇）
三　宮武孝吉「上志津原の地名を探る」（『上志津原だより』上志津原町会、平成二年六月号から連載。平成三年四月〜八月号「志津という地名　一〜五」）
四　田中征志「志津の地名について」（『佐倉の地名』佐倉地名研究会、平成二八年一月・第一二号から連載。三〇年一月・第一八号「その七」で只今連載継続中）

志津小史

［ ］は本文の関連するページを示します。

《古代》 大昔、志津の低地は海でした。五千年前の関東平野は海進といって、東京湾や霞ヶ浦は大きく内陸に入り込んでいました[77]。上座貝塚ではカキやハイガイが出土しており人々が海の幸を得ていたことを示しています。

志津には、そんな太古の昔から人が住んでいたのです。旧石器時代や縄文時代には先崎西原[31]、井野長割[112]、井野安坂山、大林など西志津地区遺跡群、神楽場[155]、下志津五反目などたくさんの遺跡が確認されています。

弥生時代には上座矢橋のほか各地で遺跡が確認されています。

古墳時代になると志津には大きな勢力を持った豪族がいました。佐倉西高校の校庭に保存されている飯郷作遺跡[157]の大きな前方後方墳がそれを示しています。

《中世》 先崎の鷲神社[25]の創建は不祥ですが、『佐倉風土記』によれば、祭神は天日鷲命（あめのひわしのみこと）ですが、この神は承平七年（九三七）、朱雀帝の勅によりこの地に祭られた、とあります。

近くの先崎西原遺跡[31]では平安時代の住居跡一三軒分が見つかっています。この地域にすでに人が住み、集落の営みがあった、ということが分ります。

平安時代には上志津干場遺跡などが確認されています。

平安時代の末期に千葉一族の臼井六郎常康が臼井の庄に来て志津、上座、小竹、井野、青菅、先崎を含む一八ヶ村を支配しました。

臼井氏が臼井城を構えるのは興胤の時ですが、鎌倉時代、周辺にはその一族が居城を構えていました。志津では志津城[131]、時代を下って小竹城[71]、井野城[111]、大口館[162]などです。

志津城については城主志津次郎胤氏の、臼井城との葛藤の悲話と、落城時の妻君の武勇伝が伝えられています[132]。

天平年間に臼井に創建された寺が明徳三年（一三九二）、井野に移ってきました。千手院[101]です。その際臼井氏の家臣平高胤は井野全村を大般若施田として与えたと伝えられています。以来、千手院は関東三大寺院のひとつと称され、この地方の仏教文化の中心となって栄えました。

《近世》 臼井城が落城し、徳川家康が江戸に入り、土井利勝が城を本佐倉から鹿島山に移して佐倉城を築き、城下町ができるようになると、志津地域の村々は概ね佐倉藩の領地になります。初期の頃は、例えば青菅村は旗本川口氏の知行地でした。佐倉藩領になるのは元禄一一年（一六九八）です。

江戸時代の佐倉藩領のこの時代、志津の村々は一応平穏な営みであったようです。しかし、江戸幕府が江戸を水害から守るために行なった大事業、利根川東遷で利根川の水が銚子の方へ流れるようになると洪水の時は印旛沼の水があふれ志津の村々の田をたびたび脅かすようになりました。

天明三年(一七八三)、この年の浅間山噴火と大災害で人々の生活は困窮し、農民一揆が起こりました。先頭に立ったのは先崎村の丈七で、先崎、青菅、井野、上座、小竹など一四ヵ村の百姓およそ千人が佐倉城下の田町門に押し掛け、翌日には下志津、上志津など一六ヶ村も加わる佐倉藩始まって以来の一揆となりました。

困難な交渉の結果一定の解決が図られましたが、リーダーの丈七は「永牢」、田畑山林屋敷は欠所、家族は村払いの処罰を受けました。(処罰の内容には異説もありますが)

道は、中世には関東各地から臼井へ、江戸時代になると江戸から佐倉へ、重要な道である佐倉道が志津を通っていました。

残された道標[57・68・96・104・114・118]などから複数の佐倉道が確認されていますが、江戸庶民の成田詣が盛んになった江戸後期には今の成田街道が、佐倉・成田道として整備されました。

大和田宿と臼井宿の中間の井野に清水が湧き出ていました。下総台地の山野を通り抜ける佐倉道は良水に乏しかったので、井野の緑陰に湧き出る清水が珍重されました。加賀清水[115]です。

ここに林屋という茶屋があって、旅人は立ち寄ってひと休みした、といわれています。七代目の市川団十郎が道標[114]を建てています。

《近代》　明治に入って、近代日本の歩みと共に村々の様子は少しずつ変化していきます。

明治六年(一八七三)には志津の南と北(井野[62・140]と小竹)に小学校が造られましたが、校舎建設や維持運営に村人達はたいへん苦労しました。村の政治は江戸時代の名主から戸長制度へと変わります。

明治二二年(一八八九)、画期的な市町村制がしかれ、志津村が誕生しました。志津村は、先崎、青菅、小竹、上座、井野、井野町、上志津、下志津、内黒田の飛地の九つの旧村で編成されました。ここに初めて、今日に至る地区の概念となる「志津」というまとまりができたのです。

村役場は上座に置かれました。今その記念碑が志津小学校の校庭に建てられています[89]。

幕末に下志津原に砲術演習場がありましたが、明治一九年(一八八六)、ここに陸軍の砲兵学校が設置され射撃演習場となりました[176]。

総武鉄道の開通で明治三〇年(一八九七)、学校は四街道に移転しますが、後にこの射撃演習場は現在の上志津原のほか、大日、鹿放ヶ丘、千種、天台など広大に拡大されて「下志津演習場」として終戦まで存在しました。

大正一五年(一九二六)の暮に京成電車の津田沼・酒々井間が開通しましたが、志津に駅ができるのは昭和三年(一九二八)でした。駅の位置をめぐって上座と上志津が争ったために遅れたのです[127]。

《現代》　太平洋戦争の末期、昭和二〇年(一九四五)二月一九日午後二時、下志津村が米軍の爆撃機B29のよる激しい空襲にあいました。平穏な農村にも米軍の爆撃は容赦がなかったのです。

焼夷弾を引っ掻き落とそうにも女手ばかりでしたし、当時の民家は藁屋根でしたのでひとたまりもなかったのです。（榎澤美知子様の証言）三〇数戸が被災しました。

昭和二〇年終戦。「下志津演習場」は農地化されることになり、上志津原や下志津原に人々が入植し、開拓。のちに大字上志津原、下志津原となりました。

昭和二九年（一九五四）三月、志津村など六ヶ町村が併合され佐倉市が誕生しました。

昭和三〇年代後半から宅地開発が始まりました。東映、京成、太田、玉野、鉱住協、殖産等の分譲地の造成です。

そしてその一方で、大規模な宅地開発が始まりました。

昭和四〇年（一九六五）、志津の丘陵を切り開く角栄団地の開発が始まりました[178]。民間による初めての大規模団地の建設として内外の注目を集めました。

昭和五二年（一九七七）、今のユーカリが丘に山万が大規模な宅地開発をはじめました[121]。三一階建ての高層マンション三棟を核に、新交通システム「ボナ」ユーカリが丘線[122]が丘を巡るという画期的な開発です。

昭和五七年（一九八二）には京成電鉄のユーカリが丘駅が開設されました。

平成二八年（二〇一六）には大規模商業施設イオンタウンが誕生しました[123]。

こうしてユーカリが丘の開発と都市づくりは、今も続いています。

また、西志津では住都公団による開発が行なわれ、街づくりが進められました。


《未来へ》 こうして志津は今なおダイナミックに大きく変貌しています。人口は、昭和三〇年代後半から急ピッチで増加しました。それにもかかわらず志津地区の公共施設は貧弱なままでしたが、近年（本稿の初稿は平成一二年執筆）、市は志津地区の公共施設の整備に力を入れています。

志津コミュニティセンター、西志津図書館・西志津ふれあいセンター・西志津市民サービスセンター、西部地域保健・福祉センターなどです。

平成二二年（二〇一〇）四月、佐倉市長選で蕨和雄氏[36]が当選。志津地区から初めての市長が誕生しました。

平成二七年（二〇一五）には駅前に志津市民プラザが建設されました。老朽化した志津公民館の建て替えで、出張所、図書館分室、児童センター、包括支援センターとの複合施設として生まれ変わりました。

佐倉市の世帯数と人口は平成三〇年（二〇一八）二月末現在七六、六六七世帯、一七六、一八〇人ですが、うち志津地区は三二、七七五世帯、七六、九〇八人です。

志津には、まだ豊かな自然が残されています。この環境を守りながら、より住みよい地区にしていくために、これからもみんなで力を合わせていきたいものです。

I

先　崎

まっさき

■水面に光る先崎の里

▲雲祥寺にて

むかし、志津駅北口から「先崎行」のバスが出ていました。「せんざき」？　それとも「さきざき」？—いいえ、正解は「まっさき」とのこと。この不思議な呼び方をする村とは？　どこか遠くへ行くような気がして、なにかしら心にかかる地名でした。

その「先崎」へ。平成元年７月、私は志津にきて20数年にして初めて訪れました。もちろん、バスで。

終点の集落の入り口で降り、人家から人家へと集落をぬう細い道をめぐり歩いて驚きました。今どきこんなすてきな村里があるとは。

先崎の最北部、北は印旛沼に面しています。

先崎村は、万治元年(1658)～寛文元年(1661)は幕府領、のちに佐倉藩領となりました。

先崎・青菅地区の文化財地図

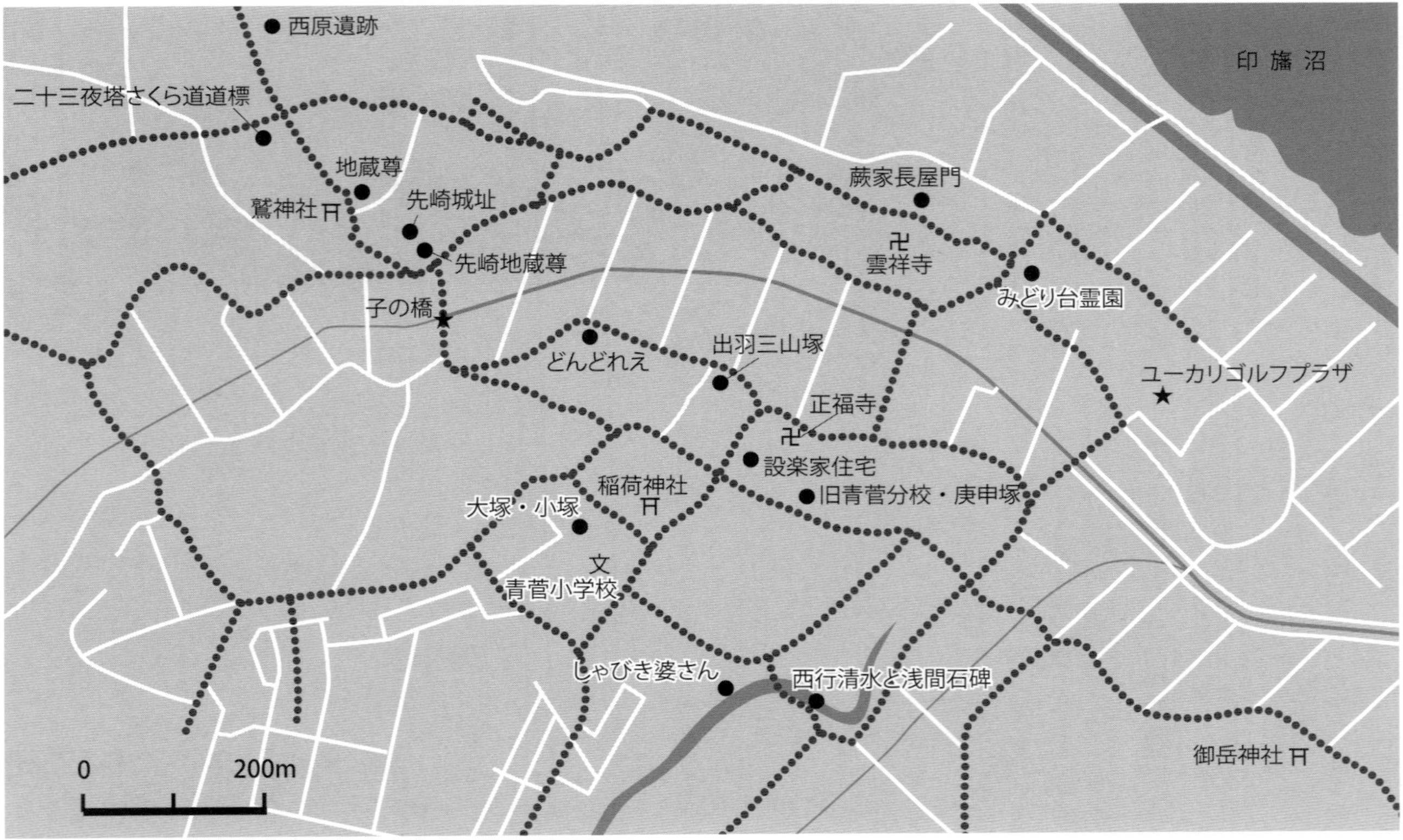

1

先崎地蔵尊《まっさきじぞうそん》

先崎一五六八
新交通システム「中学校」北一・七キロ

【文化財・市指定】

青菅から子ノ橋を渡って先崎の集落に入ったその突き当たり、先崎の玄関口にあたるところに小さなお堂があり、石造の地蔵菩薩が祀られています。

境内入口右側には庚申塔七基などが祀られています。

◇地蔵尊

高さ九〇センチの丸彫り、一心に合唱する坐像で、銘文には、「慶安三天（一六五〇）庚寅二月廿四日本願友野河内奉造立庚申人数廿五人　先崎村」とあります。

この地蔵尊は江戸時代前期に、庚申の夜に眠らずに延命招福を祈願する庚申信仰と、地蔵信仰が習合されていたことを示す貴重なものとして評価され昭和四九年三月二六日、市の有形民俗文化財に指定されました。

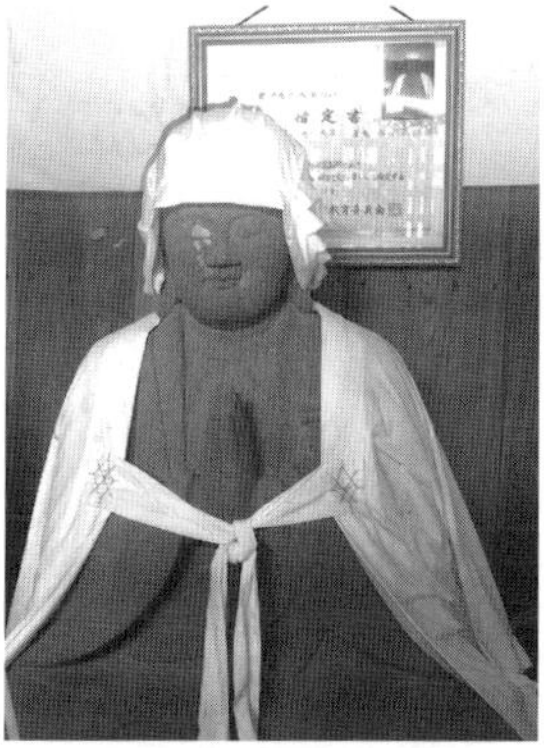

◀市内で最も古い庚申塔

この地蔵尊、庚申塔としては佐倉市内で古いものと聞いていましたが、市内で最も古いものということが分かりました。

ある日千葉市の古本屋さんで偶然『房総の石仏』第十一号を手にとり、「房総の初期庚申塔」という論文があったので興味深くのぞき見をしていましたら、これが大発見で、さっそく買い求めました。

沖本博さんという方の論文で、

寛永から寛文までの房総の庚申塔一九五基を掲載した四頁にわたる「千葉県初期庚申塔一覧表」に、なんと五番目に先崎地蔵尊が書いてありました。

手洗石 ❶

地蔵尊のお堂の手前右に手洗石があります。

大きさは高さ三〇センチ、幅七六センチ、奥行三六センチあります。側面にはご芳志された方々四一名のお名前が刻んであります。明治三七年一月二四日の造立です。

境内の庚申塔

境内には他に七基の庚申塔が祀られています。古いものです。

右端❷は笠付角型の仏像塔で、正面に青面金剛王、邪鬼、三猿が描かれています。左面に「享保十八癸丑年(一七三三)十月吉日　志津村同行十八人」、と刻んであります。大きさは高さ一一二センチ、幅三一センチ、奥行二一センチです。

右から二番目のものは舟型の仏像塔で、真ん中で斜めに二つに折れていて上部はそのまま後ろに倒れています。

正面に青面金剛王、三猿が描かれています。正面右に「正徳二年(一七一二)」、左に「十月十日」、右下に「庚申講中拾六人」とあります。大きさは、台

❶

石に建っている下部だけですが高さ五二センチ、幅四〇センチ、奥行一五センチです。

三つ目は角型の文字塔で、正面に「庚申　講中拾八人」とあり、正面右に「正徳壬辰天(一七一二)」、左に「十一月六日」とあります。大きさは高さ七二センチ、幅三七センチ、奥行二四センチです。

四つ目❸は舟型の仏像塔で、正面真ん中に青面金剛王、邪鬼が描かれています。正面右に「寛政

❷

❸

（一八〇〇）十二年庚申十月」、左に「先崎村講中」とあります。

　五つ目は角型の文字塔で、正面真ん中は破損していて読めませんが、右に「寛政七（一七九五）」（以下破損）、左に「十一月吉日」とあります。そして右面に「村講中」とあります。大きさは高さ六二センチ、幅二八センチ、奥行二〇センチです。

　六つ目、角型の文字塔で、正面真ん中に大きな字で「庚申塔」とあります。そして台石に横書きで「先崎村講中」とあります。大きさは高さ七四センチ、幅三〇センチ、奥行三〇センチです。

　左端、つまり地蔵尊入口右角に建つもの（23頁写真参照）は角型の文字塔で、正面真ん中に「庚申塔」、右面に「万延元庚申（一八六一）十一月吉日」とあります。そして台石に横書きで「先崎村講中」とあります。大きさは高さ七〇センチ、幅四〇センチ、奥行三一センチです。

▲先崎に路線バスがきていた頃の秘蔵写真です。先崎地蔵尊前が終点でした。行き先は「志津駅経由、井野」とあります。

2 鷲《わし》神社

先崎一五八〇
新交通システム「中学校」北一・八キロ

【文化財・市指定】

【天然記念物・市指定】

【佐倉市民文化資産】


　先崎地蔵尊前を左に曲がり五〇メートル先で右の坂道を登ると大きな鳥居が見えます。石段の脇に「鷲神社」と大書した石柱が建っています。平成一〇年二月に友野信氏が建てたものです。

　石段を登り鳥居の前に立つとそこは幽玄の世界、境内には市が文化財に指定している鳥居、本殿、ケヤキのほか、疱瘡神社、粟島神社、琴平神社の三社や、大江千里の歌碑などがあります。

　祭神は天口鷲命（あめのひわしのみこと）。創立は不詳ですが、『佐倉風土記』によると「承平七年（九三七）七月

七日、慈恵僧正朱雀帝の勅を奉じ、来たりて此の神を祭る」とあります。

例祭日は一一月の酉の日です。神輿の出る大祭は三年毎に行われます。

「先崎は天領でしたから、神輿には葵の御紋がついていますよ」―友野文夫様のお話です。

鳥居【文化財・市指定】

寛文一三年（一六七三）に建立されたもので、高さは三・八八メートル、横幅は五・七七メートルという大きさで、石造の鳥居としては市内では最も大きい部類だそうです。

この鳥居の形式は明神形式といわれるもので、刻まれた銘文から、鷲神社の別当であった真言宗鷲王山正学（覚）寺鷲福院の住職・定宥が、江戸・深河（川）の石屋五郎兵衛に注文して建てたということが分かります。

鳥居から社殿までの間の右手山上には三峯神社、子神社、神明神社の三社が祀られています。

◀右手山上に三社

本殿【文化財・市指定】

天保一五年（一八四四）に建立されたもので、大工棟梁は下高野村（現・八千代市下高野）の立石菊右衛門藤原元隆です。四方一間の堅牢な組み物よりなり、屋根は銅板葺き入母屋造りです。

柱に彫り込まれた龍や、本

鷲神社の彫刻

▲左面　源頼光ら６人が大江山の鬼退治に。２人の翁が酒と兜を与える。

▲右面　川で花園中納言の姫が血染めの着物を洗っていた。

▲背面　鬼退治を終えて都へ帰る。

殿四面の彫刻は、上州勢田郡花輪（現・群馬県勢多郡東村）の彫工星野理三郎政一の作で、その優れた技法には目を見張るものがあります。壁面の彫刻は大江山鬼退治の伝説を題材にしたものです。

◀鷲神社大祭
写小坂義弘氏

ケヤキの大樹 【天然記念物・市指定】

樹高は一六《メートル》、目通りの幹周は六・三《メートル》あります。樹齢は千年余、芯は枯れており、これは応永年間（一三九四〜一四二八）の神社の火災によるものだそうです。里人は、ねね子様の木と呼び、安産子育ての木として親しんでいます。

佐倉市の文化財を紹介するホームページには「このケヤキが神木として神社の創建とともに植えられたものだとすると、古木としてはもちろん、学術的にも貴重なものと考えられます。」とあります。

ウシタキソウ

本殿前広場南へりの草地にウシタキソウという珍しい植物が自生しています。

平成二四年一〇月二四日の佐倉地名研究会の公開講座で先崎地区を訪れた際、案内役の田辺タツ子様（志津植物愛好会会長）から、「ここに珍しい植物が生えている」とお話があり、「ウシタキソウ」を見つけて教えてくださいました。「佐倉市内でこの植物が確認されているのはここだけ」とのことです。

当日は詳しいことは聞くことができませんでしたので、後日、お話をお伺いしました。

佐倉市自然環境調査団が一九九五年から二〇〇〇年にかけて調査、二〇〇〇年三月佐倉市が発行した『佐倉市自然環境調査報告書』で報告されているそうです。調査から十数年が過ぎていますが今なお健在、というわけです。貴重な植物ですので、大切にしたいものです。

奉納句額

拝殿の左上に縁取りのある奉納句額が掲げられています。

文化一〇年（一八一三）に、青菅村の名主、小島義右衛門義久（俳号・舟岬）が同志に呼び掛け、四九人の献句を得て奉納したものです。

献句者は青菅、村上、金堀、舟尾、高津、大穴、舟橋、行徳、佐山、古八釜、保品、千葉、鎌ヶ谷、臼井等各地からとなっており往時の地域文化の営みの広がりを知ることができます。

■奉納句額の一部紹介

山紅葉鐘に時雨るゝ鳥が啼く（青菅　舟岬）

蛼《こほろぎ》や建はさむ戸に草のつる（青菅　素石）

小柴原月に蹴上て啼や鹿（青菅　湖舟）

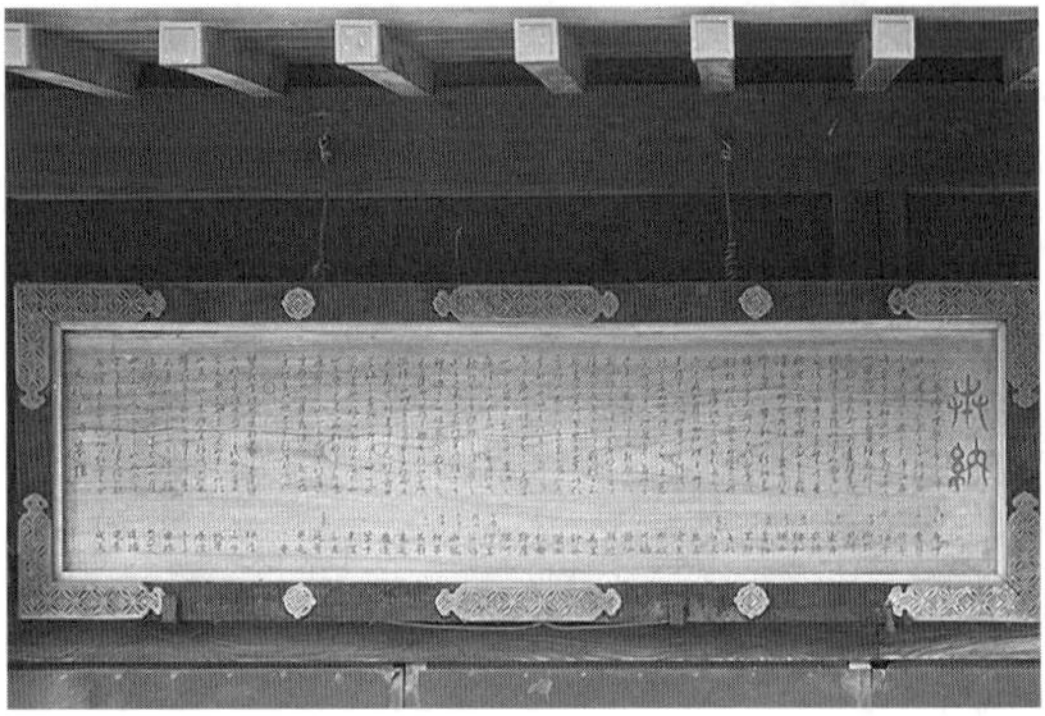

大江千里《おおえのちさと》の歌碑

拝殿の左脇の木陰に、ひっそりと人待ち顔にたたずんでいます。

「鶯の谷より出づる　聲なくは　春来ることを　誰か知らまし」

大江千里は平安中期の歌人で、この歌は『古今和歌集―巻第一の春歌上』に登載されています。いつ誰が建てたかは分かりませんが碑には「一阿印之」とあり、『佐倉市誌資料』には「徳川末期の正覚寺住職が書き刻ませたものであろう」とあります。

大江千里とは

大江千里は参議右衛門督音人の子、元慶七年（八八三）備中大丞、延喜元年（九〇一）中務丞、同二年兵部小丞など歴任。和歌がたくみで『古今和歌集』以下の勅撰集に入り、歌集に「大江千里集」があります。（『大日本人名辞書』による）

3

鷺神社脇の地蔵尊

先崎・鷺神社脇
新交通システム「中学校」北一・八キロ

鷺神社の前を北に進んだところにあります。大きさは高さが一二〇センチほどで、丸彫り、やさしいお顔をしています。

台石の左側面に「享保十乙巳（一七二五）十月廿四日」、右側面に「持□講中十七人　先崎村　施主敬白」とあります。

佐倉市教育委員会が発行した『ふるさとの石仏』によりますと、「先崎地域には、古くから神仏混交の二つの祠があったが、鷺神社は明治維新に際し分離して神社として残ったという。その時、鷺神社とともに引き継がれたのがこの地蔵尊だといわれる」とあります。

❶

❷

❸

出羽三山碑《でわさんざん》

墓石群の後ろに出羽三山碑が二基建っています。左のもの❶は正面に「湯殿山」右に「月山」左に「羽黒山」、右側面に「文久二壬戌十一月日」（一八六二）、右のもの❷は正面に「湯殿山月山羽黒山三大権現」右に「寛政三辛亥星　先崎村」（一七九一）、左に「二月吉祥日　講中」とあります。

佐五八《さごはち》銘の墓

地蔵尊の右に並んだ墓石群の右端から二番目ですが、左側面を見てください。「俗名　佐五八」と刻まれています。❸

佐倉市民ハイキングクラブさんのホームページによりますと「この地方で有名な博打打ちが江戸に出かけ大勝負に負け、此処まで逃げてきて殺されたという伝承がある。墓の側面に俗名左《ママ》五八と刻まれている。」とあります。

廃寺・正覚寺とは

地蔵尊の脇に「正覚寺（しょうがくじ）廃寺真言宗住職の墓石、鷲神社の再建に尽力す」という看板があります。この境域には地蔵尊、五輪塔、出羽三山碑等のほかにいくつかの墓石があります。正覚寺住職の墓地です。

正覚寺は鷲神社の別当寺で、明治初年の神仏分離令で廃寺になるまでは社の管理をしていました。鷲神社の石鳥居は寛文一三年（一六七三）に正覚寺の住職が江戸深川の石屋に注文したものです。鷲神社本殿は応永年間（一三九四～一四二八）火災にあい、現在の本殿は正覚寺照永の時代、天保一五年（一八四四）に再建しました。

では正覚寺はどこにあったのでしょうか。この場所が正覚寺跡だという方もいらっしゃいますが、鷲神社の南隣にあったという話もあります。今は竹藪の崖斜面で、ちょっと想像が難しいのですが。

正覚寺のことは百姓一揆の丈八の処罰の記事にも出てきます。

先崎村の正覚寺の僧は、百姓たちが鷲宮の森に会合したのを知りながら知らさなかったのはけしからぬ、ということで処罰された、と。

いずれにせよ冒頭で紹介した看板は、村の人々が、鷲神社を守ってきた廃寺・正覚寺のことを、今も大切に思っていることを示しています。

4 先崎城址《まっさきじょうし》

先崎一五六七他
新交通システム「中学校」北一・八キロ

場所は、『佐倉市史』によれば先崎の台地「東南に低地を望む崖縁に占地」とあります。『市史』の図や『佐倉市埋蔵文化財分布地図』で見ると、先崎地蔵尊の裏山に当たると考えればよいでしょう。

『分布地図』の短かい解説によれば「多郭構造であったが、昭和四三年、土採取により北半分消滅。」

◀先崎城址を望む

土塁、空堀の一部が残る。中世。」とあります。右側の切り断った部分が消滅したところです。

私は平成元年頃、ここは土塁か、空堀の跡かと現地を歩き、見晴らしのよい突出部の高台に登りました。

その頃は登り道があったのですが、今回平成一〇年、この本制作の確認のため再訪しますとどこが登り口で、どこをどう登ったのか、竹や雑木が繁茂していて分からなくなっていました。

『市史』には、「この城には何の伝えもなく、印旛郡誌を初めとする地誌類にもなんら記載されず、ただ土地の人が城あとであると言い伝えてきたこと及び地名の領替（即ち要害）という点から、高橋三千男氏が発見されたものである。」とあります。

5 先崎西原遺跡《まつさきにしはら》

先崎一五一三他
新交通システム「中学校」北二キロ

二十三夜塔さくら道道標（次頁）から北に約百メートルの所に「南無の郷」という霊園があります。この辺りに遺跡があるということは知られていました。『佐倉市埋蔵文化財分布図』に「縄文早期（茅山）、弥生後期（臼井南）の土器、土師器（五領）を採集。散布は希薄。」とあるからです。

しかしその後、霊園の開発に先立つ発掘調査で、いろいろなことが明らかになりました。私がこのことを知ったのは印旛郡市文化財センターの広報誌『フイールドブック7』（平成一三年刊）によってでした。そしてもっと詳しいことを知りたいと、印旛郡市文化財センターの発掘調査報告書第一七三集『先崎西原遺跡』（平成一三年刊）を取り寄せました。

集落跡、第一地点からは古墳時代の住居跡五軒、奈良・平安時代三軒、第二地点からは縄文時代一軒、弥生時代八軒、古墳時代二軒、奈良・平安時代一〇軒の住居跡が検出されたそうです。

ここで私が注目したいのはここで平安時代の集落跡が発見されたことです。

『フイールドブック7』は書いています。鷲神社が「この遺跡で見つかった平安時代の集落跡と時期がほぼ一致することから、なんらかの関係があると考えられます。」

鷲神社の創建は遺跡を除くと志津地区で最も古い事績ですから、まさに先崎は志津地区における文化発祥の地だ、ということが言えるようになったのではないでしょうか。

6 先崎の二十三夜塔《やとう》さくら道道標《みちどうひょう》

先崎・宮ノ越
新交通システム「中学校」北二キロ

鷲神社前を北に進みます。境内林を過ぎると畑が広がります。畑中の十字路の左手にこの石仏が建っています。

正面真ん中に「二十三夜月光」、右に「文政二卯年（一八一九）」、左に「二月吉日」、右面に「西　ほしな　志んぼう道」左面に、「東　あおすげさくら道」、裏面に「南よなもと　江戸道」とあります。

二十三夜塔ですが、道標を兼ねています。

新川の平戸橋から神野、保品、先崎、青菅を経て佐倉に至る、いわゆる「もう一つのさくら道」の道標のひとつと考えられています。

二十三夜月光とは、二十三夜の月の光の意で、二十三夜塔は月待として建てられました。

道標保存の意義

八千代市郷土歴史研究会の『史談八千代』第十三号（昭和六三年一一月発行）に「さくら道　もう一つのさくら道を探して」と題するレポートが掲載されています。

新川の平戸橋から神野、保品、先崎、青菅を経て佐倉に至る、いわゆる「もう一つのさくら道」を、道標を手掛かりに歩いて調査したものです。

佐倉市内に入ってからは、ここ先崎に建てられている「二十三夜月光道標」の指し示すところによって道を辿ると、小竹の水神橋に至ります。

水神橋のたもとにも道標があります。その指示に従って水神橋を渡ると臼井、そして佐倉に至る、というわけです。

道標は、こうして昔の人々の交通の有様を伝える、大切な文化財なのです。

＊　＊

志津郷土歴史同好会さんの平成二三年の研究テーマは「さくら道と道標」でした。

その研究成果は同年秋の志津公民館祭で発表され、『志津のこころ　志津郷土歴史同好会三十年のあゆみ』に記録が収録されました。

さくら道は、ひとつは、志津を東西に横切る国道296号線の街道、さくら道、いわゆるなりた道、二つめには上記の、もうひとつのさくら道、そして

三つめには、
臼井～小竹～千手院～八社神社近くのT字路～
梨園近くの道標～山の小道～上高野毘沙門堂
と行く萱田道があり、それぞれ道標を辿って行くことが出来ると、書いて下さっています。

7 雲祥寺《うんしょうじ》

先崎九六六—二
新交通システム「中学校」北二・五キロ

郷土史のバイブル『千葉県印旛郡誌』「志津村」の第十章「寺院佛堂誌」には寺が九ヵ寺登場します。そのひとつのこの寺について、その昔、先崎を訪れた時にはどこにあるのか、分かりませんでした。

今回（平成一〇年頃の話ですが）先崎を訪ねてみますと、門柱が建ち、寺名が鮮やかに書かれていましたのですぐに分かりました。先崎を周回する道を西方から行くと、蕨家長屋門の向かい側だったのです。

『印旛郡誌』によれば、「圓應寺末にして臨済宗妙心寺派たり、本尊は釈迦如来にして開基不詳」「創立年月日不詳」「堂宇は明治二十二年十一月九日焼失せしも同二十五年八月再建せり」とあります。

現在のお堂は昭和の経済の高度成長期に建て替えたものだそうです。建て替え以前は草葺きだったそうです。

今は無住で、印旛村岩戸の西福寺が管掌しています。

（番号は次頁参照）

▲宝暦10年

▲寛政3年

▲文政7年

▲文久2年

▲昭和15年

◈ 十九夜塔等石仏群

広々とした境内の西側に十九夜塔や子安観音など一二基が、整然と建ち並んでいます。

十九夜塔で最も古いのは左から五番目のもので、宝暦一〇年（一七六〇）❶に建てられています。あと、江戸時代のものは寛政三年（一七九一）❷、文政七年（一八二四）❸です。

十九夜塔とはどういうものでしょうか。十九夜塔をお祀りする十九夜講は女人信仰の講です。女人信仰とは、子宝に恵まれることや、出産、子育ての無事を祈念する信仰です。（51頁の小解説「十九夜塔とは」も参照）

十九夜講は、旧暦一九日に女性がお寺又は当番さんのお家に集まって開き、如意輪観音さまの前で経文、真言や和讃を唱えます。十九夜塔の主尊は如意輪観音で、講の行事に欠かせないものです。

◈ 六地蔵 ❹

境内東南にある墓地の入口に、一石に六体を陽刻した珍しい六地蔵があります。安永六年（一七七七）の造立です。

六地蔵信仰とは

六地蔵信仰は、お地蔵さまが、地獄、餓鬼、畜生、修羅、人間、天上の六道を輪廻転生する衆生に救いの手をさしのべてくれるという考えからはじまり、広まりました。

かりに生前に仏縁がなくて地獄に堕ちたとしても、地蔵菩薩は獄卒に姿を変えてその者を救ってくださいます。

六地蔵信仰は、よるべく経典がなく成立した民間信仰で、その形態に決まりはありませんが、『仏像図絵』の場合は、地持地蔵は両手で念珠を持ち、陀羅尼地蔵は右手施無畏印、左手引摂印、宝性地蔵は合掌、鶏亀地蔵は右手錫杖、左手如意珠、法性地蔵は両手で柄香炉を持つ、法印地蔵は両手で幢幡を持つ、とあります。

❹

◈ 大師堂

境内の西南隅に建っています。大師さま、すなわち、弘法大師をお祀りしています。

ここは四国八十八ヶ所の第五五番札所で、正面の額には五五番南光坊のご詠歌が掲げられています。

「このところ　みしまにゆめの　さめぬれば　べつぐうとても　おなじすいじゃく」

大師まいりは今も続けられています。

四月一〇日に千葉寺十善講の一行がやってきます。一行を迎える地元の接待は、現在も続けられています。

千葉寺十善講

千葉寺十善講とは、千葉市の千葉寺を起点に、千葉市、四街道市、佐倉市に設けられた大師様の八十八ヶ所の札所を巡礼する講です。志津地区では上志津・西福寺、先崎・雲祥寺、井野・千手院、小竹・西福寺の大師堂を巡ります。

西福寺（上志津）
四国霊場四十八番札所　西林寺（松山市）
（御詠歌）阿弥陀の世界をたずね行きたくば
西の林の寺に参れよ

雲祥寺（先埼）
四国霊場五十五番札所　南光坊（今治市）
（御詠歌）このところ三島に夢のさめぬれば
別宮とても同じ垂迹（すいじゃく）

千手院（井野）
四国霊場五十七番札所　栄福寺（今治市）
（御詠歌）この世には弓矢を守る八幡なり
来世は人を救う阿弥陀

西福寺（小竹）
四国霊場五十八番札所　仙遊寺（今治市）
（御詠歌）立ち寄りて作礼の堂に休みつつ
六字を唱え経を読むべし

8

蕨家住宅長屋門《わらびけじゅうたくながやもん》

先崎九一一
新交通システム「女子大」北二キロ／「中学校」北二・五キロ

【文化財・市登録】

先崎を周回する沼側の道を東に進みますと立派な長屋門があります。蕨家住宅長屋門です。

昭和六一年のことですが、お訪ねして当時のご当主蕨俊雄様の奥様にお話をお聞きしました。

◀鷲神社大祭
写小坂義信氏（平成 23 年 11 月）

建築年代は不明ですが、八一歳でお亡くなりになられた義理のお兄様（ご主人の兄）が七歳の時に修理した、とのことですから、江戸時代後期のものと推定してよいでしょう。

さらに五～六年前に修理をしましたので、このように立派な姿で保たれているのです。

大きさは、桁行八間半、梁間二間半あります。

保存がよく、文化財としての価値は高いと思われます。

長屋門は庶民の家には許されず、武士、名主、庄屋などに限り許されました。

なお、お会いした先代の奥様は元、小学校の先生でした。長屋門は、教え子ならばもうお分かりだと思いますが志津地区の小学校に勤務されていた「蕨先生」のお家のご門だったのです。

＊＊

以上は平成一〇年の取材に基づく旧版の記事です。

この長屋門はその後平成一七年七月、佐倉市の登録有形文化財となりました。佐倉市の文化財を紹介したホームページには「丁寧な工作が施された見ごたえのある建物です。」とあります。現在の当主は、佐倉市長・蕨和雄氏です。

9 みどり台霊園

先崎二〇〇
ユーカリが丘線「女子大」北一・七キロ／「中学校」北二・七キロ

先崎の方々の昔からの共同墓地ですが、近年になって整理拡張されました。

入口左には六地蔵と庚申塔が祀られています。広場にあった墓塚はごく最近永代供養塔❶に建て替えられました。

墓地二列目の左端には和田啓蔵の墓誌があります。

庚申塔

右は元禄四年（一六九一）に造立されたもので、高さは一二〇センチ、幅四八センチ、奥行二六センチ。大きくて保存もよく、立派なものです。

左は享保一五年（一七三〇）に造られたものです。

六地蔵

五体は舟形浮彫型ですが、左端の一体は丸彫立体型です。造立年代もまちまちで、右端の寶陵地蔵菩薩は享保五年（一七二〇）、左から三番目は天保一一年（一八四〇）です。

和田啓蔵《わだけいぞう》の墓誌

和田啓蔵は、志津村の第三代および第五代の村長を勤めた明治時代の志津村の功労者です。

安政六年（一八五九）先崎で生まれました。学問を修め、才を磨き、壮年時代には村や郡の政治のさまざまな役につき、尽力しました。さらに東京で農業社を設立して農事の改良を図ったほか、浅草公園に水族館を設立するなど、幅広く活躍、大正九年、六二歳で亡くなりました。

墓誌には和田翁の生涯とその功績が詳しく記されています。

これを書いた人は和田翁の朋友で明治初年からの志津教育界の先達であった荏原縫造で、墓誌の末尾に「亦芳万歳」、すなわち、遺芳

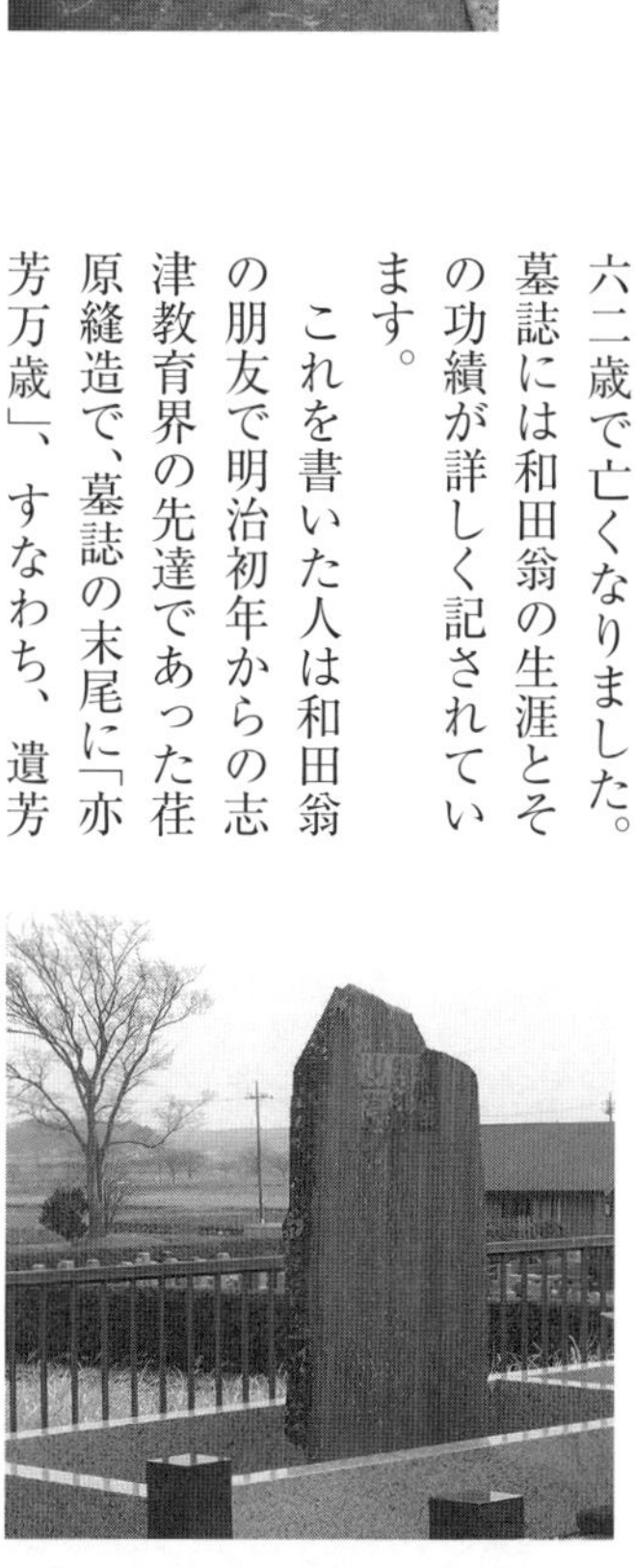

万成の後まで伝わるべし、と書いています。

以上は、漢文に明るい中志津在住の郷土史家、八重尾等氏（故人）が碑文を読み下してくださったお蔭で分かるわけですが、詳しくは『佐倉市史研究』第九号に掲載されています。

墓誌の大きさは、台石ともで高さ一七〇センチ、幅八五センチ、厚さ一一センチです。印旛沼を背景に、西南向きに、あたかも志津村全体を見渡すように建てられています。

「和田家は途絶えてしまったので、誰もいません。親戚の方はいらっしゃいますが。」―墓誌を案内してくださった管理事務所の方のお話です。

コラム　土の径を踏みしめ、風を感じながら

山中弘信

今から約十六年前の平成十三年に犬を飼い始め、散歩のコースは何処に行こうかと思案しているときに、ふと立ち寄った書店で宮武さんの前著である「志津の史跡と名所」に出会いました。それまでは、自宅と会社の往復だけで、殆どこの地域については疎い状態でした。

この本を参考にして、休日には井野、青菅、小竹、先崎の各地区を愛犬と一緒に廻るようになりました。犬と共に土の径を踏みしめ、風を感じながら歩いていると、これまでは全くこの地域での存在自体も知らなかった雉、鷺、カワセミや梟とも出会うようになりました。

また、井野城、小竹城、先崎城や各地区の旧道を歩くと、馬頭観音等の石仏も数多くあり、石碑裏には寛永年間等江戸時代の年代も多数見受けられ、地域の歴史的な重みも感じるようになりました。先崎地区などは、歩けば歩くほど、現代から遠く離れてしまった昭和の風の匂いを感じ、休日の犬との散歩が、自分にとっては無くてはならない貴重な時間となりました。この本と犬とのお蔭で、車で通りすがるだけでは味わえない石仏、神社仏閣や、どこか懐かしい風景に出会うことが出来ました。読めば歩きたくなる、歩いた気分にさせてくれるような本です。この本は、移住者である私に地元に対する愛着心も植え付けてくれました。

この十年間で休耕田が目立つようになり、そこにポイ捨てされたゴミも増加しております。また、これらの地区には、歴史を感じさせる長屋門や茅葺き造りの民家も存在しますが、そこには日常の生活がございます。マナーを守ることは、この地域の史跡を次世代に残すことの一助になるのではないかとつくづく感じます。

Ⅱ

青　菅　あおすげ

■歴史を感じさせられる旗本の村

▲正福寺にて

青菅村は江戸時代の初期は旗本川口氏の所領でした。元禄11年(1698)佐倉藩領となりました。

川口氏とその一族をほうむったといわれる大塚・小塚をはじめ川口氏ゆかりの事蹟があり、歴史の重みを感じさせられる古い村です。

学問を大事にした小島泰堂の記念碑が正福寺にありますがその風土のせいでしょうか、青菅分校の校舎と校庭が大切に守られていますし、茅葺きの旧家のたたずまい、永く伝わるどんどれえの行事など多彩な文化の香りただようすてきな村です。

青菅・先崎地区の文化財地図

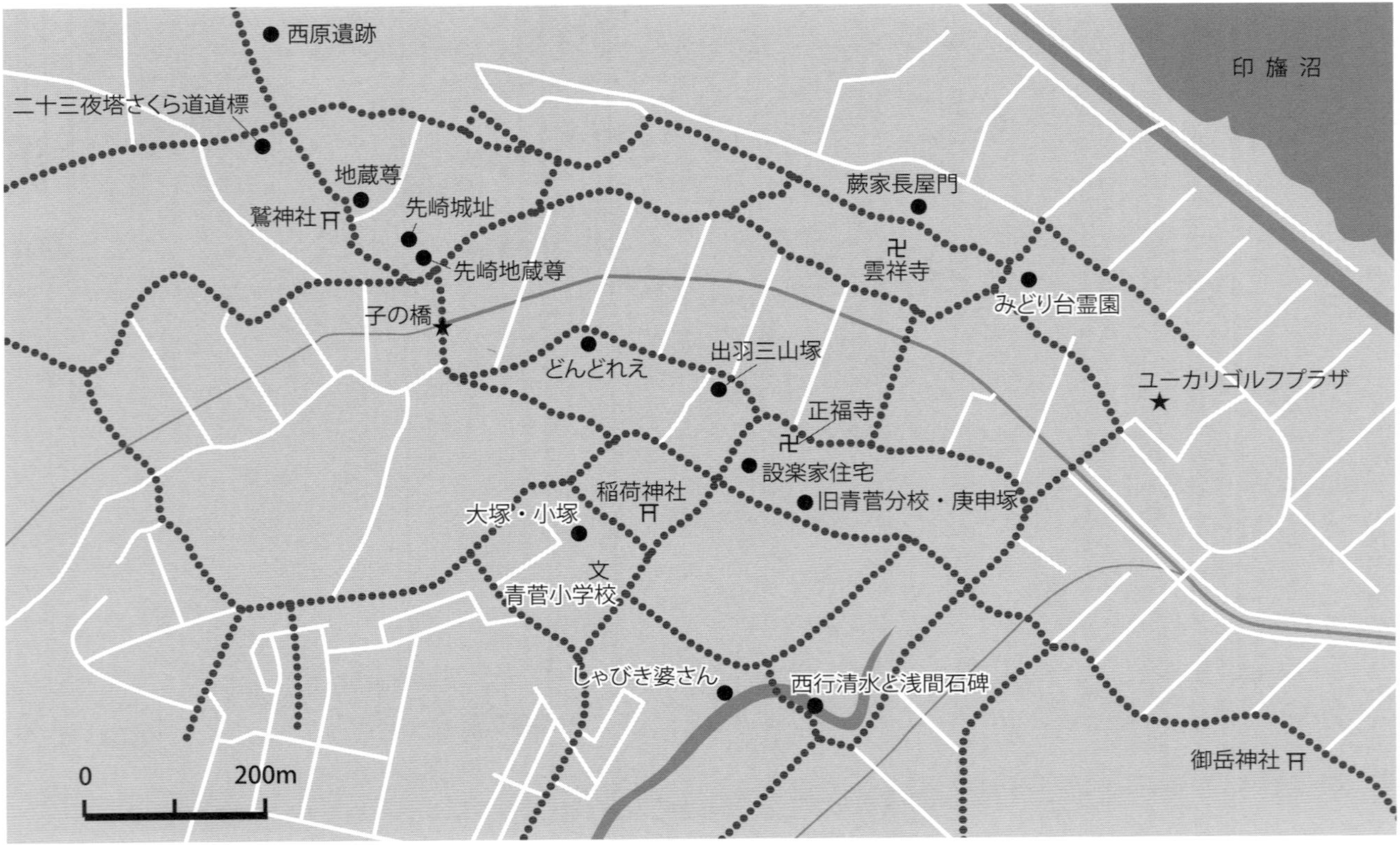

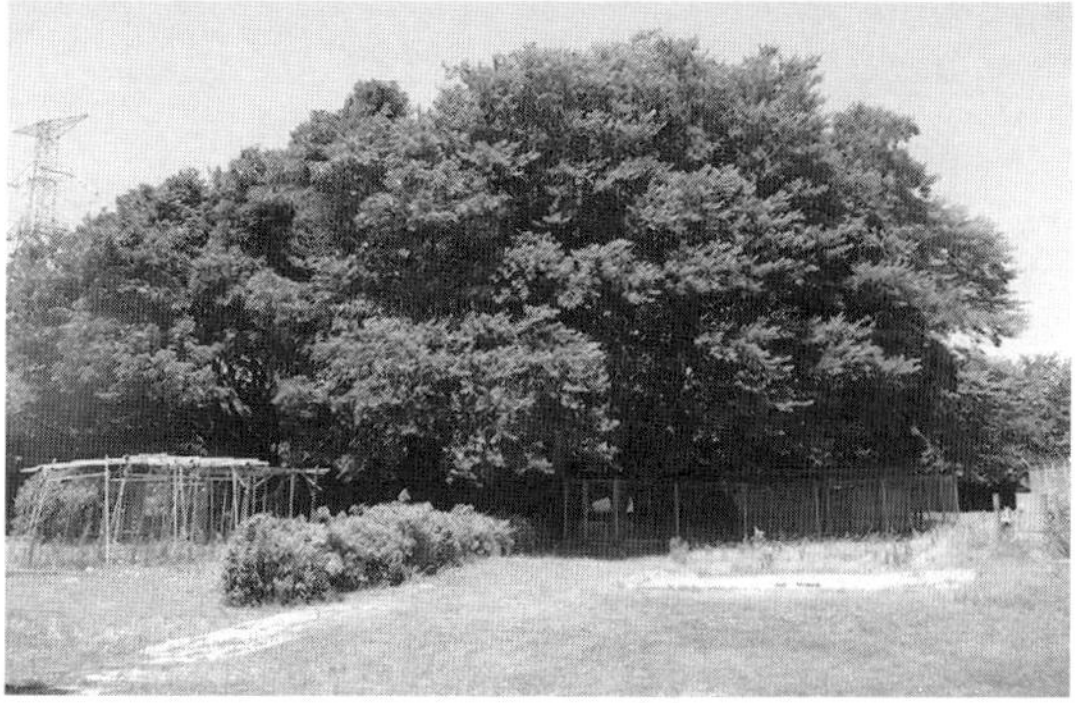

◀大塚

1 青菅《あおすげ》の大塚《おおつか》・小塚《こづか》

宮ノ台一丁目一七番
新交通システム「中学校」北八百メートル

【史跡・市指定】

青菅小学校に隣接しています。

まず、学校の裏手にある青菅大塚公園から観察してみましょう。校舎の左手にある大きな山の茂みが大塚、右手に見える小さな茂みが小塚です。この塚は、元禄一一年(一六九八)まで青菅村を所領していた旗本、川口家四代、宗勝、宗信、宗次、宗恒の墓所と伝えられています。小塚は奥方の墓所と言われています。

そこで大塚は男塚、小塚は女塚とも呼ばれています。大塚には四代すべての「もとどり」が埋葬されていると伝えられています。大塚の形状は方形で、一辺が約三〇メートルあります。

平成二二年一〇月一日、佐倉市の史跡に指定されました。

川口家とは

川口宗勝は天文一七年(一五四八)生まれ、安土桃山時代の武将です。通称は久助。父は川口宗吉、母は小島信房の娘とも、織田信長の伯母とも。妻は福富平左衛門直貞の娘。子に宗信、宗之、宗重、宗利、宗澄、宗政。

川口盛祐は、一族の川口雅楽助宗持の養子となり、大河内左衛門佐元綱の養女於富の方(華陽院)を娶り、宗勝の父の川口久助宗吉が生まれました。於富の方は以前水野忠政に嫁いでおり、徳川家康の生母である於大の方を生んでいます。

また於富の方は家康の祖父松平清康にも嫁いでいます。このため宗勝と家康は「はとこ」にあたります。

宗勝は、最初に水野信元に仕え、永禄六年(一五六三)柴田勝家、翌年織田信長の直臣になり、弓大将となりました。木下藤吉郎が墨俣に一夜城を築いた時の野武士の中にも名が見えるなど、戦国武将として活躍しました。関ヶ原の戦いで西軍に属したため不遇の時を過ごしますが、慶長一一年(一六〇六)徳川秀忠に許されて青菅二五〇〇石を賜り旗本となりました。慶長一七年(一六一二)、青菅にて没しました。

と、以上、インターネットのフリー百科辞典・ウィキペディアを読むだけでもこれは大変な人物が青菅にいたんだ、ということが分かります。

2

設楽家住宅《しだらけじゅうたく》

青菅・郷口
新交通システム「中学校」北東一・一キロ

青菅集落のほぼ中央に位置する場所に茅葺きの大きな民家があります。設楽家住宅です。

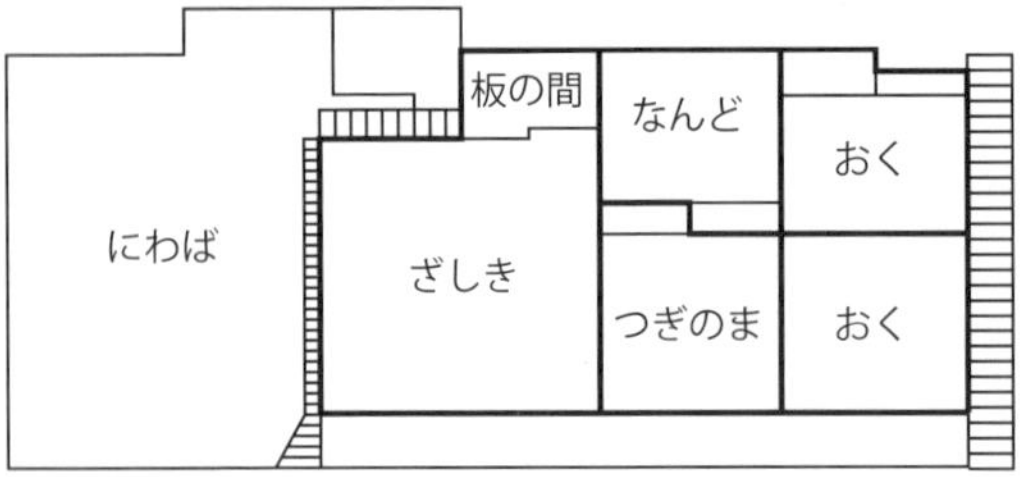

設楽家住宅は印旛沼周辺のこの地域のなかでもとくに古い民家です。江戸時代には名主を勤めていました。

平成二九年一一月八日、設楽さんの果樹園でご当主にお会いし、お話をお伺いしました。

設楽家住宅はいつごろ建てられたのですか、とお訊ねしますと、「過去の調査でも十七世紀頃と言われておりましたが、最近、佐倉市により更に詳細な調査が行われております。」との事でした。

その概要報告書（平成二十八年度）によると、「設楽家住宅は梁行四間半、桁行十一間という広さで、間取りを復元すると、土間と床上の三列六室がある。柱は蛤刃（はまぐりは）手斧仕上げで、柱間寸法は六尺二寸八分と大きいこと、各部屋の柱が一間ごとに立ち指鴨居はない。土間境でも一間ごとに柱が立ち大黒柱がない等の特徴から一七世紀中期にさかのぼる民家と推定されています。」

「床面積も１８２・４６㎡という広さで、印旛沼周辺地域では、他に例を見ない大きさ」「今後さらに調査が行なわれ正確な建築時期等の判定がされる」とのことです。

＊　＊

「十七世紀中期にさかのぼる」とはすごい話です。

東日本大震災では相当な被害を受けました。それまでは居宅として住んでいましたが、住めなくなったそうです。

屋根は二〇年毎に、四回に分けて葺き替えたそうで、その時期が到来しているそうです。が、これからは茅葺き屋根の葺き替えはますます困難になることが予想されます。

このような大きな古民家を個人の力で維持していくことは困難、というところが悩ましいところですが、少しでも長く維持、保存されることを願います。

民家ですから、お屋敷に立ち入って見学することはできません。エチケットとして、周りの道や門前から眺める程度にして下さい。

志津にこんなに立派な文化財が残されているのです。

3 稲荷神社

青菅一
新交通システム「中学校」北九百《メートル》

青菅小学校校庭の東南角から左へ、約百《メートル》先にあります。

石段を登ると両側に灯篭があり、朱塗りの鳥居をくぐると右側に妙見社があり、正面に狐を両脇に配して拝殿があります。祭神は倉稲魂命（うがのみたまのみこと）です。

例祭日は一〇月六日です。

創建について『印旛郡誌』には「由緒不祥」とありますが、社殿右前に掲げられた「改築記念碑」には「当稲荷神社は江戸時代初期当邑地頭御陣主川口氏が妙見社と共に建立」とあります。

さらに「改築記念碑」（次頁）から、稲荷神社が名実ともに青菅の鎮守となったのは江戸中期の明和四年（一七六七）ということ、妙見社が稲荷神社に合祀されたのは明治四年ということも分かります。

本殿の上屋と元治元年（一八六四）に建てられた拝殿は損傷したので昭和四七年に改築した、と書いてあります。

境内には愛宕社、八坂社、牛頭社が祀られています。

いつ訪れても境内はきれいに保たれていて村人に大切にされている神社です。

青菅鎮守稲荷神社　改築記念碑

当稲荷神社は江戸時代初期当邑地頭御陣主川口氏が妙見社と共に建立、当時川口氏、献納祭料は中田三畝歩の年貢米、稲荷社は供米五升初後午五斗の年貢米であった。江戸中期明和四年正月京都伏見稲荷、正官、羽倉攝津守より「稲荷社神霊」羌「稲荷社御礼安鎮之証書　を承け以後名実共に当邑の鎮守となった。

因に元禄十一年の古文書に

一、壱社高五尺五寸横二尺五寸小宮
　御竹藪之内に御座候拝殿鳥居無御座候
一、荷壱社高四尺五寸横二尺小宮
　稲荷林と申す御林之内に御座候拝殿鳥居無御
　座候
　　右両社共先御地頭様御建立被遊候
　但右両社共川口摂津守様当村御領分之節御建立
　被遊候
　　設楽半左エ門所蔵

明治四十一年四月妙見社を郷口壱壱弐番地より本境内稲荷壱番地に合祀。昭和廿五年五月官有地境内を無償払下稲荷社所有地とす。昭和四十四年十月木製両部鳥居老朽のため鉄筋稲荷鳥居建立

近年本殿上屋及元治元年建立の拝殿共に毀損し甚憂慮の状態であった折から今度祖先共有地売却さるるに当り其の一部を以て建立の基とすべく多くの賛同を得たので之を敷衍し総氏子の芳志を以て鉄筋十坪の上屋付社殿を建立す。

稲荷大神　起工昭和四十七年七月　竣工昭和四十七年十月

施工　千バ市杉田建設興業株式会社　設計　仝社椎木勝義

4　青菅の出羽三山《でわさんざん》塚

青菅・郷口
ユーカリが丘線「中学校」北一・四キロ

青菅三叉路東百メートルで北に向う道に入り、田園が開ける突き当りに塚があり、出羽三山巡拝祈念碑が八基建てられています。

コンクリートで土留めされた高さ七〇センチ、約一二坪の土台の上に、高さ一・八メートルのコンクリート製の八角形の山がそびえたっています❶。ユーカリが丘の開発に伴い山万株式会社によってここに移築されました。

頂上には安永庚子年銘（九年・一七八〇）の出羽三山碑が祀られています❷。下総式板碑によく似た形式の稀に見る古式なもの、と言われています。

高さ八〇センチで、まん中に「湯殿山」、右に「羽黒山」、左に「月山」、さらに右に「安永庚子天」、左に「十一月吉日」、そして下方に、青菅村、下高野村、居の村、岩戸村、先崎村、大和田村、と村名が併記され、最後に「講中敬白」とあります。

八角形の各面にはそれぞれ参拝した年に造られた記念碑が建てられています。明治三二年、大正八年、

❶

❷

❸

昭和一二年、二四年、三六年、四四年などです。

そしてお山の右横に、台座共の高さが二メートルにも及ぶ新しい、大理石の、立派な碑が建てられています❸。平成五年参拝のものです。

出羽三山信仰はこうして今も脈々と継承されているのです。出羽三山講は青菅では、「奥州講」と呼ばれています。

出羽三山信仰とは

古来、平地から眺めて秀麗な姿を見せる山々とは、特別な神の宿る山、つまり霊山として崇められてきました。死者の霊がゆきつくところという山中他界観、魔霊がひそみ人が山に入ると災厄を与えるという畏怖観、さらに水をもたらし恩恵を与えてくれるところという感謝の気持、これら様々な観念が結合して山岳崇拝の思想が成立しました。

これに仏教の密教的な要素が結合して修験道が成立し、登拝修行して人並み優れた験力を得ようとする修験者が各地の霊山で行を行なうようになりました。

出羽三山とは、山形県の月山を主峰とする羽黒山、湯殿山の三山を総称するものです。

江戸時代になると出羽三山は民間信仰の対象となり、修験者ではない、一般の信者の登山が盛んとなり、各地に講集団ができて、三山参拝が盛んに行なわれるようになりました。

出羽三山碑は、その参拝記念に建てるもので、出羽三山塚は志津の各旧村にあり、講は多くの村で、今も続けられています。

5

旧青菅分校

青菅・郷口
新交通システム「中学校」北東一・一キロ

青菅の集落を東西に貫く幹線道路のほぼ中央に位置します。校舎と校庭がそのまま残っており、昔の分教場そのままの風情を醸し出しています。

明治三六年、志津北尋常小学校の青菅分教場として設立され、青菅、先崎の児童が通学しました。学制改革など本校の変遷に伴なう名称の変遷は省略しますが、昭和二二年、本校が志津村立志津小学校になった時、青菅はその第二分校になりました。児童数は記録の残っている昭和三年から一六年までは四〇人前後、その後は徐々に増えて二〇年から二六年までの記録では五〇人前後となっています。

昭和三六年に第一分校が上志津小学校として独立してからは、こちらは青菅分校と改称され存続、昭和五二年三月、廃校になりました。分校には三年生までが通い、四年生から本校へ行きました。

元の位置は三百メートルほど西の場所でしたが、この校舎は三〇年一二月に落成しています。大きさは、幅が四間、一部が六間、長さは七間、一部が七間半で、教室は二教室、玄関入ってすぐ左が職員室で、右に下駄箱、その奥に便所があります。

廃校後は地区の集会所として活用されていましたが、近年、校舎に並立して青菅会館が建てられました。私がこの本を作るために訪ねた平成一〇年秋には教室前方の上に「青菅カラオケ大会」という看板が掲げられていました。普通、集会所として活用する場合、職員室とか便所は使い勝手をよくするために手を加えるものですが、ここはそういうことはしないで、廃校から二〇年も経つのに原型を保ったままで、地域の方々がいかにこの校舎を大切にしているかを思い知らされたものでした。

だいぶ痛みも激しくなってきました。学校教育のあゆみを物語る貴重な文化財として、後世に大切に守り伝えていっていただきたいものです。

＊　＊

この校舎が一体どうなることやら、みんなが心配していましたら、「佐倉市と日本大学生産工学部は青菅分校舎の保存に乗り出すことになりました。」という朗報が飛び込んできました。市は平成二九年三月二二日、日本大学生産工学部と連携協力に関する協定を結び、その事業のひとつで「旧志津小学校青菅分校の活用についての保存と利活用に向けて、協議や検討を行なう」とのことです。大変嬉しいニュースで、同年五月九日、新聞各紙は同大学生により清掃活動が始まったという朗報を報じました。

6

青菅の庚申塔と馬頭観音《ばとうかんのん》

青菅・郷口
新交通システム「中学校駅」北一・一《キロ》

旧青菅分校の校庭の右隅、高さ一《メートル》ほどの塚の上に庚申塔が六基、左端に西向きに馬頭観世音が二基、祀られています。

◇ 庚申塔

まず庚申塔から見ていきます。左❶から、高さは台石ともで一一七《センチ》、本体九四《センチ》、幅三〇《センチ》、奥行一九《センチ》の角形で、正面の上部に日月と種子、中央に「奉供□大青面金剛」、右側面に「天下和須　安永拾辛丑（一七八一）　青菅村講中」、左側面に「日月清明二月吉日」とあります。

次❷は、高さ九〇《センチ》の角形の文字塔で、左側面に「弘化一甲年（一八四四）如月」と刻んであります。

中央手前❸は笠付のもので、高さは台石ともで一三三《センチ》、幅三七《センチ》、奥行二六《センチ》。側面に寛延（一七四八～五〇）の銘があります。

中央奥❹は高さ一一七《センチ》の三角形の根府川石のもので、正面に「日月　青面金剛　願主設楽佐九郎」、右に「明治三十年丁酉十二月廿□」、左に「五穀成就」と刻んであります。

右から二番目❺は角形の文字塔で、高さは台石ともで一二〇《センチ》、本体九〇《センチ》、奥行三六《センチ》で、上部に日月を彫り、その下に「庚申塔」、台石に三猿、右側面に「文政九戌（一八二六）霜月吉日」、左側面に「青菅村講中」とあります。

右端❻のものは笠付き角形の文字塔で、高さは台石ともで一三八《センチ》、本体は一一五《センチ》、高幅三五センチ、奥行二三センチで、右側面に「享和三亥歳(一八〇三)十一月吉日」、左側面に「青菅邑講中」と刻んであります。右の二基、流れるような「庚申塔」の字もすばらしいですが、側面❼(前頁)に彫られた「青菅村講中」の字もこんなに大きく見事です。

馬頭観世音《ばとうかんぜおん》

塚の右端、西向きに建てられています。右側写真❶のものは高さ六七センチ、幅三二センチ、奥行一六センチ、中央に一面六臂のやさしいお顔をした馬頭観世音像で、右に「寛保四子年(一七四四)青菅邑中」、左に「正月吉日」とあります。写真❷のものは高さ八〇センチ幅六七センチ、奥行一六センチで、中央に「馬頭観世音」、右に「明治三十一年」左に「八月吉日」とあります。

二十三夜塔《やとう》さくら道道標《みちどうひょう》❸

塚の左下、横倒しに積まれた石材の上に道標を兼ねた二十三夜塔が祀られています。

正面は中央に「廾三夜塔　青菅邑講中」、右に「東小竹臼井道」左に「明治廿二年九月」、左側面には「南井野上座道」、裏面には「□上高野村上道　□斜ハ井野新田千葉道」、右側面には「北　下高野米本道」とあります。大きさは高さ七五センチ、幅二八センチ、厚さ二八センチです。

＊　＊

この二十三夜塔について、旧版で以下のように書きました。

「塚の前に石碑・石材が何基か積み重ねられています。そのうちのひとつは道標を兼ねた二十三夜塔で、横向きの面には右列から「東小竹臼井道　廿三夜塔　青菅邑講中　明治廿二年□月」、上向きの面には「南井の上座道」、奥の面には「□　上高野道　□斜ハ井野□□□道」とあります。下向きの面は不詳です。

昔の道を知るよすがとなるこんな貴重な資料がほかの石塔・石材とともに横積みにされているわけですから、志津の歴史資料も、まだよく分かっていないものが、たくさんあるということでしょう。」

＊　＊

今回、新版確認取材のため訪れましたら、きちんと起立させてくださって、下になって見えなかった右側面の字も分かり、嬉しく思いました。「もうひとつの

❶

❷

❸

さくら道」を考える上での貴重な道標で、原位置は青菅木之宮大割一〇三四番です。

塚の由来

塚の右端手前に、飯高造園土木株式会社寄贈による「還佛還座記」が建てられています。「山万株式会社の参賀に依り此の地に還佛還座す　昭和五十二年七月吉日」。そうです。この塚の石碑はすべて、山万株式会社によるユーカリが丘の開発のためにここに越してきたのです。

庚申塔は左端のものを除く五基は今の宮ノ台、もと字門原九一四の塚に建てられていました。馬頭観世音二基は、字門原九一七の荒れ果てた場所にありました。開発によってここに集合したのです。

7

正福寺《しょうふくじ》

青菅一三一―一一
新交通システム「中学校」北一・五キロ

出羽三山塚の東、弁天池があり、山側の参道を入ります。井野・千手院の末寺で真言宗豊山派に属します。本尊は不動明王です。

本堂前左手に大師堂と天満宮が祀られています。

参道左の土盛りの上に一二基の十九夜塔が並んでいます。いずれも台座からずり落ちて、あたかも台石を枕にしたように並んでいる光景ですが、何かしら親しみを感じさせられます。

境内には石仏がそれこそおびただしい数、百基以上祀られています。刻まれた年号は、延宝、元禄、正徳、享保、宝暦、天明など江戸時代の各期に亘っています。

境内の樹木、スダジイ、カエデ、モミは市の保存樹に選定されており、スダジイの樹齢は推定四百年とのことです。

由緒について

創建等について『印旛郡誌』では「由緒不詳」とありますが、本堂前左の「本堂庫裡改築記念碑」裏面の碑文によると、「当寺は推定四百五十年以前参拾六坪鹿子造で建てられた以後慶長承応年間には川口宗勝宗信宗次葬地青菅村正福寺と古文書に残り又宝永年間出羽三山の内羽黒山の宿帳並に佐倉鹿島川畔地蔵に青菅村正福寺住職と有る文化文政に至り比丘尼を最後として井野千手院兼務する事となり老朽甚だしきまま現在に至る(云々)」とあります。

そこで大師堂、天満宮ともども昭和四十八年七月末八日に改築した、と。

大師堂

本堂前左手の大師堂には大師像が三体祀られています。台石に、中央のものには「天保二卯（一八三一）講中」、右のものには「願主　たの」、左のものには「願主傳兵エ母」とあります。

扉の上には「四国八十八ヶ所霊場第八十四番讃州屋島寺」のご詠歌「あづさゆみ　やしまのみやにまふでつつ　いのりをかけて　えさむもののふ」（梓弓屋島の寺に　詣でつつ祈りをかけて勇む武士）が掲げられています。

❶

天満宮《てんまんぐう》

本堂左手奥に祀られています。私が調査のため度々訪れていた平成一〇年当時も、今回（平成二七年）も変わらずいつも習字が奉納されていました。❶

十九夜塔群

享保一四年（一七二九）以降江戸期のものが七基、明治・大正・昭和のものが四基、年代不明なものが一基、合計一二基が祀られています。

保存状態のよい安永二年（一七七三）のものは高さ七七センチ、真ん中に如意輪観音、右に「奉造立十九夜講中廿人」、左に「安永二癸巳二月日」とあります。

もっとも古い享保一四年のものは、半分が斜めに折れていますが、そのお顔は写実的で、ふっくらと、頼もしげです。造立年代を記録しておきましょう。

江戸期のものは、享保一四年（一七二九）❷、宝暦三年（一七五三）、安永二年（一七七三）❸、寛政一三年（一八〇一）、文化一三年（一八一六）、天保一一年（一八四〇）、慶応三年（一八六七）❹です。

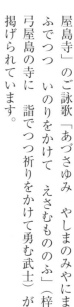

十九夜塔とは

十九夜塔は月待ちの習俗で、その記念に、あるいは礼拝祈願の対象として建てられました。

月待ちとは、月を祭るという説と、月が上がるのを待つという説とがあるようですが、いずれにしても月を信仰の対象として、月の出を待つというふたつが習合したものと考えられます。(以下34頁参照)

▲年代不詳

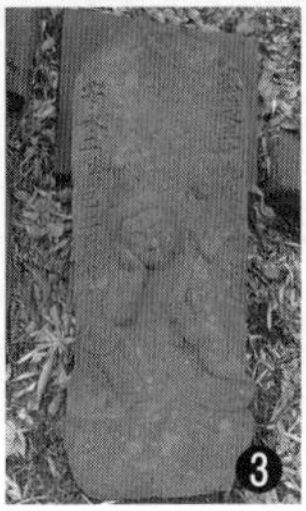

月待ちには二十三夜、二十二夜とかいろいろありますが、定められた日に講の人々が集まって飲食をしながら月の出を待ち、上天した月を拝みます。

十九夜講は女人の講です。安産、子育て、あるいは子授けを祈願するようになって、子安観音などを祀る子安信仰と結合し、子安講としての集まりが持たれる、という場合もあるようです。

◇泰堂先生墓表

小島泰堂のこと

小島泰堂は青菅が生んだ「人物」です。

『印旛郡誌』の「第五　志津村誌」「第八章　人物誌」で唯一取り上げられているのが「歌人　小島泰堂」です。小島泰堂は名を勘十郎、義精といい、文政一〇年(一八二七)、下総国印旛郡青菅村に生まれました。幼少の頃から人に優れた才能を持ち、佐倉藩儒臣吉見南山の門に入り勉学、帰郷し二四歳で名主となり、翌年には五郷取締名主、二八歳の時藩候堀田正睦の命により佐倉近治各部取締頭取となり、翌年には三三ヶ村組合大総代役となりました。万延元年(一八六〇)「殖産興業述記」を時藩候堀田正睦に上書してこれを嘉納せられました。

文久元年(一八六一)に江戸八丁堀に家塾を起こし諸生を教授の傍ら井上文雄(国学者・歌人)につき国歌を修め、多くの文人墨客と交わりました。明治一三年帰郷(五三歳)、佐倉藩御林を開墾し茶園をつくり、「泰楽文園」を建て子弟の教導に当たり、遠近からの諸生を授業しました。明治二二年、六二歳で没しました。

以上は『佐倉市史研究』第一〇号に掲載されている八重尾等様の論文から引用させていただきました

❶

が、インターネットで見ると「志津村青菅の人。歌人、青菅村の里正、のち文久元年、江戸にて家塾を起こし文人と交遊す。明治一三年、帰郷後学舎を営む。碑文あり❶。」とあります。歌人としての活躍は『印旛郡誌』にも約二〇首が紹介されていますし、インターネットでも小島泰堂著『熱海調音詩歌集』等のことが出てきます。

いずれにしましても、内外に大きな影響を与える活躍をした「郷土の人」がいたことを、私たちは知っておく必要があるのではないでしょうか。

8 しゃびき婆さん

青菅・前野
新交通システム「中学校」北東一キロ

青菅小学校校庭の南沿いの道の中ほどで南に入る道があります。山道を入ると緑のフェンスが見え、墓地があります。

墓地に入ると、すぐ左に小さな祠があります。この祠に石造の小さな観音様❷が祀られています。高さ三八センチ、幅一三センチ、奥行一一センチで、天明三年（一七八三）の銘が刻まれています。銚子石を使った浮彫りの仏様です。村人に「しゃびき婆さん」と呼ばれて大切にされてきたもので、咳を治す功徳のある仏様として崇められています。

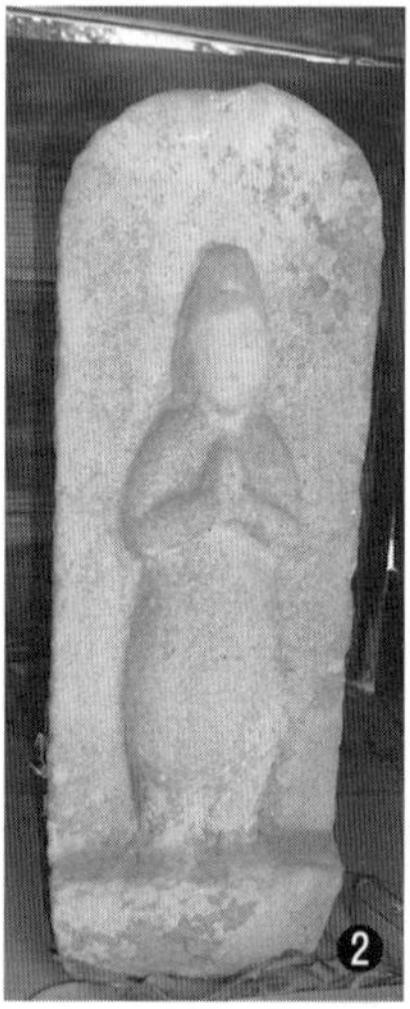

❷

「しゃびき婆さん」とは、古くから青菅地区に伝えられる尼の堂守りだと言われていますが、このおばあさんがなぜ観世音として祀られるようになったのかについては定かではありません。

墓地の左側には六地蔵が、墓地入口前の林には馬頭観音が祀られています。

なお、「しゃびき婆さん」は今ではあまり知られていませんが、昔から有名だったようで、『佐倉の歴史を学ぶ資料集』や『ふるさとの石仏』に、志津地区の代表的なものとして収録されています。

◀佐倉市民カレッジ15期生の皆さんが建ててくださった案内板

9

西行清水《さいぎょうしみず》

青菅・上ノ山
新交通システム「女子大」北七百メートル／「中学校」北東一・二キロ

小竹から青菅に入るところで左に台地下まわりの野道を行きます。井野方面に向かう分岐を右に、ゆるやかな坂を上ると、途中で一年中道が湿った場所があります。西行清水です。西行が遊歴の時立ち寄った、とのことですが、「にしゆき」すなわち江戸へ行く道辺の清水と解するべき、とも言われています。崖上にお浅間さまが祀られています。

西行清水は今は山道の一ヶ所が湿っているというだけなのでがっかりされる方もいらっしゃいますが、私は先崎・青菅方面を史跡案内する時必ずここをご案内することにしています。

「中学校」駅から田んぼ道を行き西行清水へ、そして野を旧青菅分校方面へ、あるいは逆のコースでもいいのですが、すてきなハイキングロードなので、みなさんに、こんな道があるとは知らなかった、と喜ばれます。

崖上のお浅間さまについては佐倉地名研究会『佐倉の地名』第八号（平成二六年）に、小坂義弘様が最近探索された様子をレポートしてくださっていますので、紹介させていただきます。「神社とあるので朽ちかけた社のようなものを思い描いていましたが、発見できたのは樹木や竹に囲まれた小さな、小さな『仙元大菩薩』の石祠でした。辺りは人が訪れた形跡もなく、お宮さんがひっそりと佇んでいました。」

10

どんどれえ

青菅・陣屋口
新交通システム「中学校」北一・四キロ

【文化財・市指定】

青菅で古くから行なわれている正月行事です。場所は青菅丘陵北側の雑地です。九本の竹を立てて組んだ櫓に葛束を積み、お飾りや書き初め、各戸から回収した門松を頂上に積み上げ、一月一四日の夜に焚き上げ、一年の無病息災、五穀豊穣を祈念する、寒空を焦がす勇壮な行事です。

昔から子どもの行事として行なわれてきましたが、「今は子どもが少なくなりましたから—。」

松の内が明けると、地区では総掛かりで山狩りをして下草を集め、周辺の竹林から孟宗竹を切り出して準備をします。

使う竹は一二～三本。九本は先端に葉を残し、塚の中央に掘った九つの穴に立て、二本は葛束のレール用に使い、残りは二メートル位に切って爆発音用に使います。

私は二〇年前位から何回かこの行事を見に行っています。真っ暗闇の中、自転車で青菅を目指します。「どんどれえ」の周りには人がたくさん集まっています。夜の六時過ぎ、子どもたちによって点火されると「どんどれえ」は周囲を照らし、長い焼棒を持った子どもや大人の顔を照らし出します。

「どんどれえ」はやがて大きな火柱となって正月の寒空を焦がします。そこは青菅丘陵北側のゆるやかな斜面の雑地、すぐ下は水田地帯、向かいは先崎台地、その広々とした空間に大きな炎が燃え上がります。

◀写 山崎一夫氏

ぱちぱちと竹がはね、炎が上空に舞い上がると子どもたちが引き綱を引き始めます。芯の青竹「どおしんぼく」が青菅側に倒れたら豊作と言われています。

しばらくして火柱が真ん中で折れ、大きな火勢で崩れ落ちると焼棒の先につけた餅を火に近づける人、盗難除けに火中で焼かれた「燃えちゃれ」を拾う人、と人々は右往左往し、行事はクライマックスを迎えます。「どんどれえ」の火で焼いた餅を食べると病気をしないと言われています。

呼称についての考察

「どんどれえ」は、地方によって「どんど焼き」とか「どんど」「左義長」とか様々な呼び方があるようですが、青菅ではどうして「どんどれえ」という呼び名になったのでしょうか。「どんどれえ」は、爆竹の「どんど」と「払い」の訛り「はれえ」の「は」を省略して「どんどれえ」となったようで、その語彙は、爆竹音で悪魔払いをするという意味だ、と考えられています。

◀写 小坂義弘氏（上下とも）

小　竹　おだけ

■旧小竹村を歩く

▲西福寺にて

印旛沼の南西、手繰川西岸に位置し、対岸は臼井村です。

小竹城址や小竹五郎の墓の所在で知られるように、臼井城にもっとも近い城として重要な位置を占めていました。寛文期(1661 ～ 73)と推定される国絵図に村名がみえます。

神社は四社大神、水神社、御岳神社、寺院は真言宗豊山派・西福寺があります。

小竹三叉路では日曜日に朝市が開かれています。

小竹三叉路に小竹の全世帯を載せた大きな看板が建てられています。地域のまとまりのよさを感じさせられる村です。

小竹地区の文化財地図

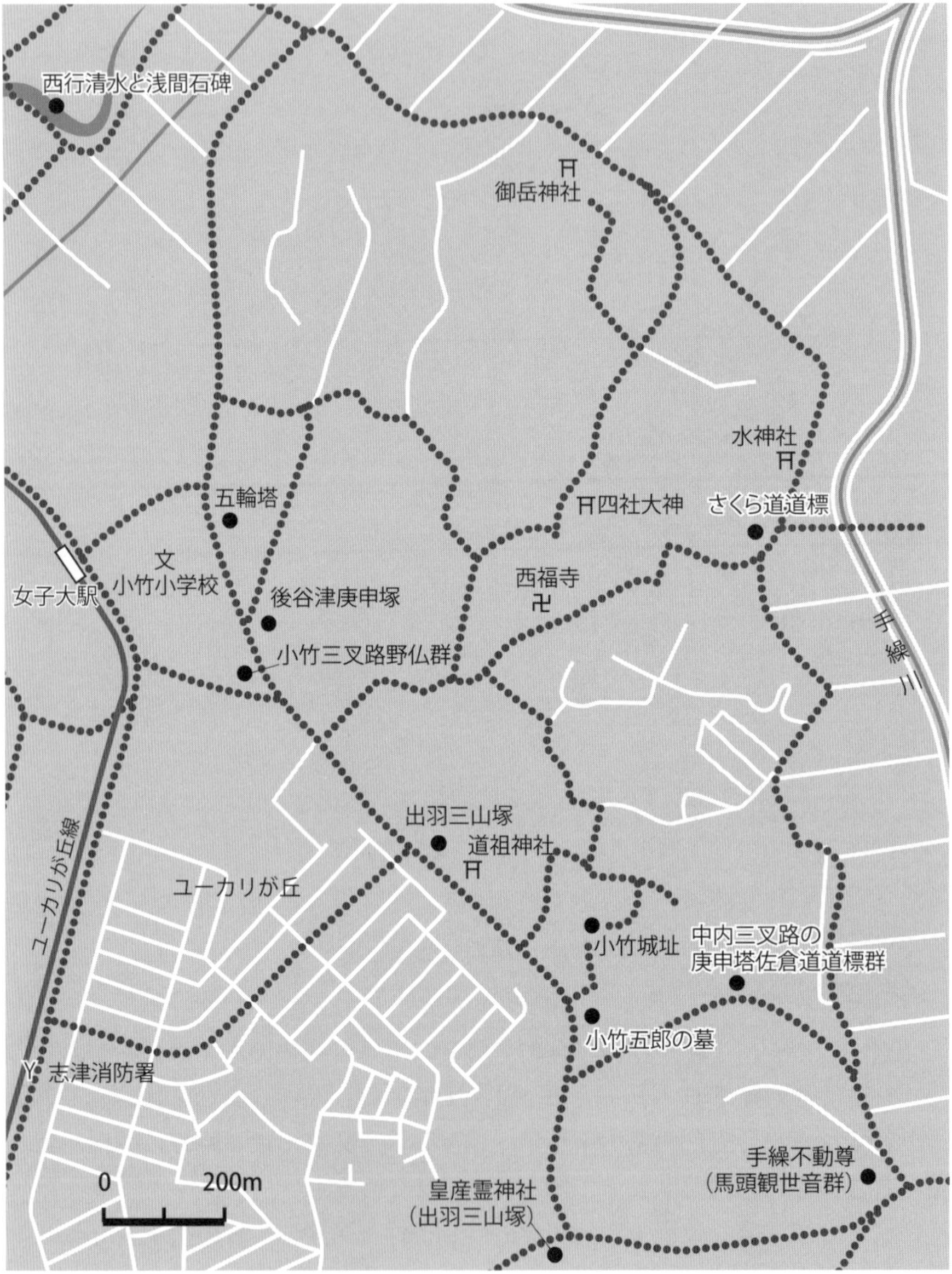
西行清水と浅間石碑
御岳神社
水神社
四社大神
さくら道道標
五輪塔
文
小竹小学校
女子大駅
後谷津庚申塚
西福寺
小竹三叉路野仏群
手
繰
川
出羽三山塚
道祖神社
ユーカリが丘
ユーカリが丘線
小竹城址
中内三叉路の
庚申塔佐倉道道標群
小竹五郎の墓
志津消防署
手繰不動尊
（馬頭観世音群）
0
200m
皇産霊神社
（出羽三山塚）

1

小竹三叉路野仏群《おだけさんさろのほとけぐん》

小竹
新交通システム「女子大」東南四百《メートル》

小竹小学校の近く、三叉路脇に庚申塔、馬頭観音など二五基の野仏が祀られています。

この本を作るために歩いていた平成一〇年頃、ここは雑木林でした。石仏は、木々の間や草むらにありました。志津郷土歴史同好会さんの『ふるさと志津　歴史ひとり歩き！』ではこれを「小竹三叉路野仏群」と紹介していますが、その風情はけだしぴったりのネーミングで、そう呼びたくなる雰囲気がそこにはありました。

現在の姿になったのは平成二二年一二月でした。木を切って整地し、コンクリートの基礎に石仏がしっかりと建て直されました。

これらの多くは昔からここにあったのではありません。五〇《メートル》ほど南の、もうひとつの三叉路のまん中に塚があり、多くはそこにありました。道路を拡幅した際にこの位置に移動しました。

▲写山中弘信氏（平成 29 年 12 月 14 日）

◈ 聖観音像さくら道道標

舟形浮彫りで、光背のある聖観音像。お像の上に「秩父」、右側面に「右ハあおすげまつさ起　みち」「左ハ　いのお　かやだ　みち」、左側面に「文久元酉年（一八六一）三月吉日」とあります。

◈ 庚申塔さくら道道標

正面上部に月日を記し「青面金剛王」とある文字塔です。右側面に「文化十酉（一八一三）十一月吉日」、左側面に「右ハ上座下志津　左ハ臼井成田」とあります。大きさは、高さが八五《センチ》、幅三〇《センチ》で大きく、保存状態もよく、道標資料としても貴重です。

寛保三年銘馬頭観世音

正面中央に観世音像、右に「奉造立馬頭観音為二世安楽」、左に「寛保三癸亥年（一七四三）三月日　施主竹中」とあります。大きさは、高さが五五センチ、幅二八センチ、奥行一七センチです。

平成一〇年度志津公民館まつりにおける志津郷土歴史同好会さんの研究発表のテーマは馬頭観音でしたが、展示説明によると、「志津地区では最も古い馬頭観世音である」とのことです。

御大典記念さくら道道標

正面に「御大典記念」「臼井佐倉方面」、右側面に「青菅保品方面」、左側面に「井野上高野方面　昭和三年十一月　小竹治斌会」とあります。

2 小竹後谷津《うしろやつ》庚申塚

小竹一四二九
新交通システム「女子大」東五百メートル

小竹三叉路から北へ約百メートルの右手にあります。四基祀られていますが、四基とも保存がよいのがこの塚の特徴です。『千葉県佐倉市埋蔵文化財分布地図』には、「小竹後谷津1号墳、庚申塚、円形で径約5m、高さ約1m、庚申塔がある」とあります。

一番古いのは右から二番目、笠付きのもので、延享二年（一七四五）の造立です。大きさは台石ともの高さが一三五センチで、形式は上部に、日・月、まん中に青面金剛像、足下には踏みつけられた邪鬼、下部に三猿と、庚申塔の形式をよく保っています。ほかの三基はすべて文字塔です。

正面に「青面金剛王」とある一番右端のものは、台石ともの高さは八一センチで文化一〇年（一八一三）

の造立です。

左端、上部に日・月、まん中に「庚申」とあるものは、台石ともの高さは七四チセンで、文化九年(一八一二)の造立です。

左から二番目の、上部に日・月、まん中に「庚申塔」とあるものは、台石ともの高さが九三チセンで、万延元年(一八六〇)に建てられたものです。

3 西ノ作《にしのさく》墓地所在の五輪塔

小竹・西ノ作
新交通システム「女子大」東三百メートル

◀五輪塔の左に可愛い仏様が

小竹小学校グランド右山側の道向かいにある墓地の奥に、ひときわ古い墓と石塔が七基祀られています。そこにこの五輪塔があります。

台石には、「慶安五壬辰(一六五二)八月廿七日」とあります。大きさは総丈八五チセンです。

五輪塔とは

民俗学者の谷原博信氏によると、五輪塔は「平安時代中期から造られだした墳墓」の一形式で、「この五輪塔形式は日本独自に発明されたもので、日本人の墓に対する基本的な考え方を表わしている。／下方から四角、円、三角、半円、団(如意宝珠形)の五輪を積み上げ、地、水、火、風、空の五要素を表わしたもので、仏教的宇宙観の表れである。」(『寺院縁起と他界』)

4 西福寺《さいふくじ》

小竹九七七―一
新交通システム「女子大」東八百メートル

手繰川沿いに小竹台地の東側中ほど、水神橋方向から切れ込んだ台地の懐深く入った絶景の場所にあります。

小竹三叉路の方からですと東へ、入る道が分かりづらいので、三叉路にある案内板を見てから行くことにしましょう。切り通しの坂を下ると寺の全景が見えてきます。真言宗豊山派で、長谷山と号します。本尊は阿弥陀如来です。

門前の左側には十九夜塔や秩父巡拝塔が三一基立ち並んでいます。

本堂は、建築は比較的に新しいのですが、きりりと引き締まった風格を感じさせられます。

境内には本堂の左手に大師堂や金比羅大権現、水子供養石造像、鶯の連歌碑などがあり、前庭には牡丹の花壇があります。

浄興記（本堂再建物語）

『印旛郡誌』によると、明治六年に火災に遭い、「奮記書類盡く消失につき由緒は不詳」とありますが、この辺の事情は本堂の左手前の「浄興記」に詳しく書かれています。

それによると、明治六年に火災、八年に再建、昭和一六年集中豪雨で裏山が崩れ、旧本堂は一瞬にして崩壊、幸いにも火災を免れたため本尊の阿弥陀仏とご住職一家は無事でしたが、やがて始まった大平洋戦争のため本堂の再建かなわず、本尊を仮本堂に安置、以来三〇余年を経てやっと本堂を再建した、とのことで、苦難の歴史が偲ばれます。そして再建はこの村ぐるみで行なわれたことが、撰文で分かります。

＊　＊

「自然に恵まれたいい場所にある、すてきなお寺ですね」とご住職にご挨拶しましたら、「ええ、いいところでしょう。春には桜、四月中頃から五月の初めにかけては牡丹、夏には百日紅（さるすべり）、そして今はイチョウが…」とおっしゃって山あいを彩る本堂脇のイチョウに目をおやりになりましたが、そうです、このお寺は「花の寺」なのです。

◇小竹の牡丹

『印旛郡誌』に志津村の名勝として「小竹の牡丹」が紹介されています。当時は鈴木作蔵氏邸内にありましたがその後お家が絶えたため、西福寺に移植されました。

ご住職の奥様にお聞きしました。

「トクエム（徳右衛門）さんからきた牡丹は、あの円形の花壇の真ん中に植えてあるのがそうです。まわりの分は、小分けしたり追加したものです。こち

写 小坂義弘氏▶
（平成24年4月）

ら（長方形の花壇）も足したものです…牡丹は難しいですね。一時は元気よくなったのですが。樹の寿命は百年位だそうですが。天候不順もよくないですね。雨が降ると散ってしまいますしね」。（笠をかぶせたりしたこともあるそうですが、ボタンを守るのにいろいろご苦労されているようです。）「昔は三百から五百も咲いたそうですよ。習志野から兵隊さんたちが見物に来たそうです。今も噂を聞きつけて見に来られる方がいます」とのことです。

大師堂

本堂左手にお大師さまが祀られています。お堂の扉の上にご詠歌が掲げられています。

「四国八十八ヶ所　伊豫国作礼山写　第五十八番小竹西福寺　立ちよりて　作礼乃堂にやすみつつ六字を称え　経を読むべし」―作礼山とは、四国五十八仙遊寺の山号です。

〈境内の石仏〉

十九夜講と十九夜供養塔群

安産祈願、子安を願う女人の集まりである十九夜講は、小竹では今も行なわれています。「郷」の十九夜講は毎月西福寺で行なわれています（五月、九月は除く）。掛軸を掛けて拝み、当番が作ってきた「まぜごはん」で会食を楽しみます。昔はお産が難しかったですから、お産が軽くすむようにと、今も、二月には戌の供養をしています。

門前の十九夜塔で、年紀銘の確認できるものは一五基です。

一番古いのは前列左から三番目の如意輪観音で、寛政元年（一七八九）のものです。高さ六四㌢で、右側面に「奉造立十九夜女人講中」、左側面に「寛政元己酉年（一七八九）三月吉日」と刻んであります。一番新しいのは平成五年のもの❶で、大きさはなんと、高さが台石ともで一七六㌢、幅九〇㌢もある立派なものです。

◀水子供養石造像

小竹の秩父巡拝塔群

秩父三十四ヶ所巡礼の記念碑が一一基あります。

一番古いのは後列右から六番目、享和二年（一八〇二）のものです。高さ六四センチ、幅二五センチの聖観音です。正面の右に「秩父三十四番札所」、左に「享和二壬戌年（一八〇二）二月吉日」、そして左側には「小竹講中善男女三拾人」と刻んであります。

左から四番目は享和三年（一八〇三）のもので高さ七〇センチ、幅三三センチの如意輪観音です。

ふたつおいて文化一三年（一八一六）のものも如意輪観音です。高さ七〇センチ、幅三〇センチです。

一番新しいのは平成六年建立です。

昭和二九年のものには正面に、「秩父三十四箇所霊場巡拝　長野善光寺参拝　佐渡探勝　供養塔」とあります。

巡礼の旅が、村の女性たちの信仰の旅であると同時に観光の楽しみを兼ねたものであったことがよく分かります。

本堂左手集合墓石群

本堂左手に沢山の墓石が集合して祀られています。私がそのことに気がついたのは平成二一年秋のことでした。

お寺様にお聞きしましたら石仏等が半分でているとかのこの一画を調べたところ土中に沢山埋まっていることが分かりましたのですべてを掘り出して整地し、土台を築き、きちんと建て直しをして供養した、とのことです。

いつの時代のものが、どのようにあるのかについては調べていないので分からないとのことでしたので調査させていただくことになり、平成二二年一月、石仏に詳しい鈴木登さんといっしょに調査しました。

全部で五四基ありました。

調査結果の詳細については『小竹西福寺所在石造

文化財第二次調査概要報告書』（志津文庫刊）で報告してありますが、一部紹介しますと―。

五四基うち、造立年代の分かるものは三四基ありました。それを元号別に分類しますと江戸時代前期のものが二一基、中期が一一基、後期のものは二基でした。中期の一一基についてもそのすべてが中期の前半でした。普通私たちの地域での石仏の調査では江戸時代の中期、主には後期からのものが多いのですが、墓石とはいえ、江戸時代の前半のものばかりということで、驚きでした。

それから、従来半分だけ土から表れていてご存知の方も多かった「光明真言塔」❶も、全身が見えるようになりました。銘文は「奉供養光明真言一百万辺　宝暦五乙（一七五五）　村中善男　十一月廿八日善女」。

小学校発祥の寺

明治政府は明治五年学制を公布、志津地区では明治六年南に井野町小学校、北に小竹小学校が設立されましたが、南は上志津・西福寺に仮校が置かれ、北は小竹・西福寺に（学校が）置かれました（『印旛郡誌』）。志津地区における学校教育は上志津・西福寺と、ここ小竹・西福寺で始まったのです。

5 四社大神

小竹一一二三
新交通システム「女子大」東一キロ

小竹三叉路から東へ、小竹の集落に入ります。かなり曲がり道ですが、前へ前へと進みますと社に突き当ります。入口には「四社大神」と大書された高さ三メートルの石柱が建っています。

祭神は、經津主命（ふつぬしのみこと）、建甕槌命（たけみかずちのみこと）、大巳貴命（おおなむちのみこと）、伊弉諾命（いざなぎのみこと）、伊弉冉命（いざなみのみこと）他四柱です。例祭日は一〇月一五日です。創建年代や由緒は不詳です。

社殿の左には浅間神社と参拝記念碑が建てられています。本殿の裏には天満宮などたくさんの神々が祀られています。鳥居の手前にある手洗石は宝暦八年（一七五八）のものです。

広い境内に時折りことんと音がして、木の実でしょうか、しじまを破る自然の音がします。村の中心に位置して、村人に大切に守られている社です。

◇四社大神社号標

神社入り口右側に大きな石柱が建っています。裏面に「奉納　昭和五十八年七月吉日　直八　高橋英勝」とあります。

◇四社大神記念碑

神社入り口の向かい側に大きな石碑が建っていいます。上に横書きで「記念碑」とありますが、これはなんでしょう。一行目の建立者の身分やお名前は分るのですが、本文はなにやら難しそうで今まで読み進めたことがありませんでした。しかしそれではいけないと今回、解り易い単語を拾い読みしてみますと—。「村社四社大神は往古より小竹の鎮守、産土神なり。その創立年代は未詳なれど口碑の伝えるところによれば寛正年間の建立という。」「文化二年（一八〇五）八月本殿を再建、明治四十三年三月、中内に鎮座する星神社並びに同境内の神社を合祀した」云々。

私は先に「創建年代や由緒は不詳」と書きましたが、ここには創建年代が書いてあるわけで興味深いと思いました。建立者は千葉県印旛郡長従六位久保三郎で、大正八年三月に建てられました。

◇手洗石

たくさん書いてある建立者の名前は読めませんが、末尾に「宝暦八年（一七五八）寅語月日」とあります。大きさは、高さ四二センチ、幅七五センチ、厚さ四五センチです。

◇狛犬

迫力十分の立派な狛犬です。右の台石には「印旛郡志津村大字小竹　蕨左兵エ門　蕨種松」、左の台石には「明治廿四辛卯念十月十五日建立」と刻んであります。

◇常夜燈

狛犬うしろの常夜燈は右側分裏面に「安政六未年（一八五九）九月吉日」

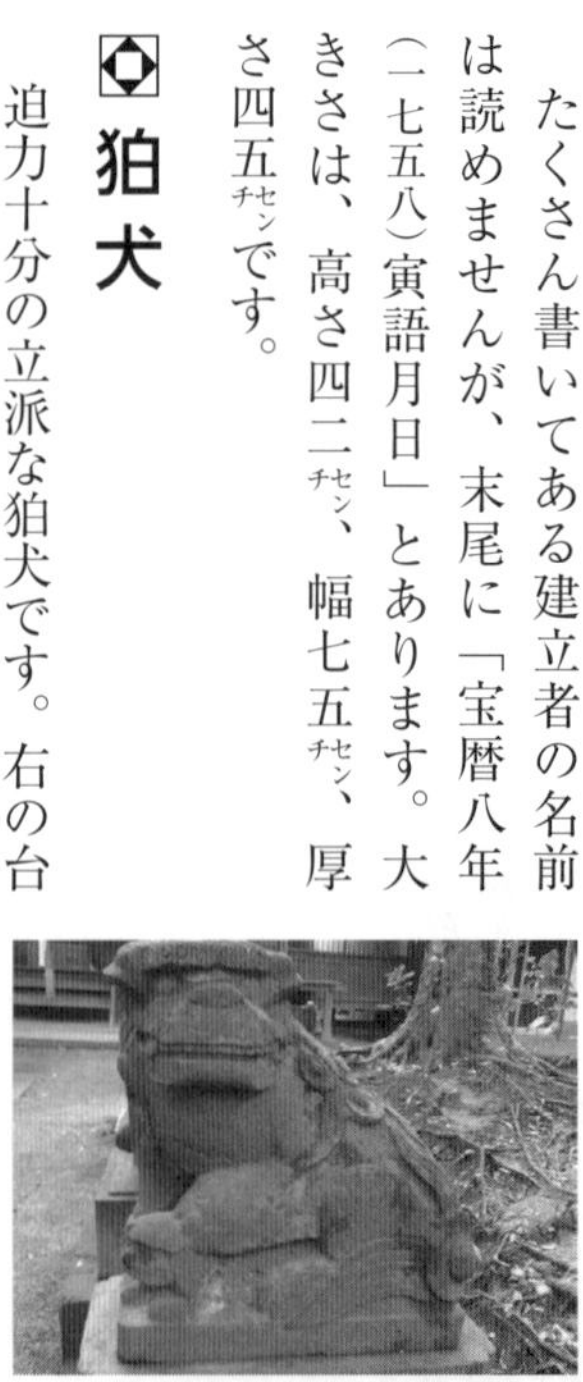

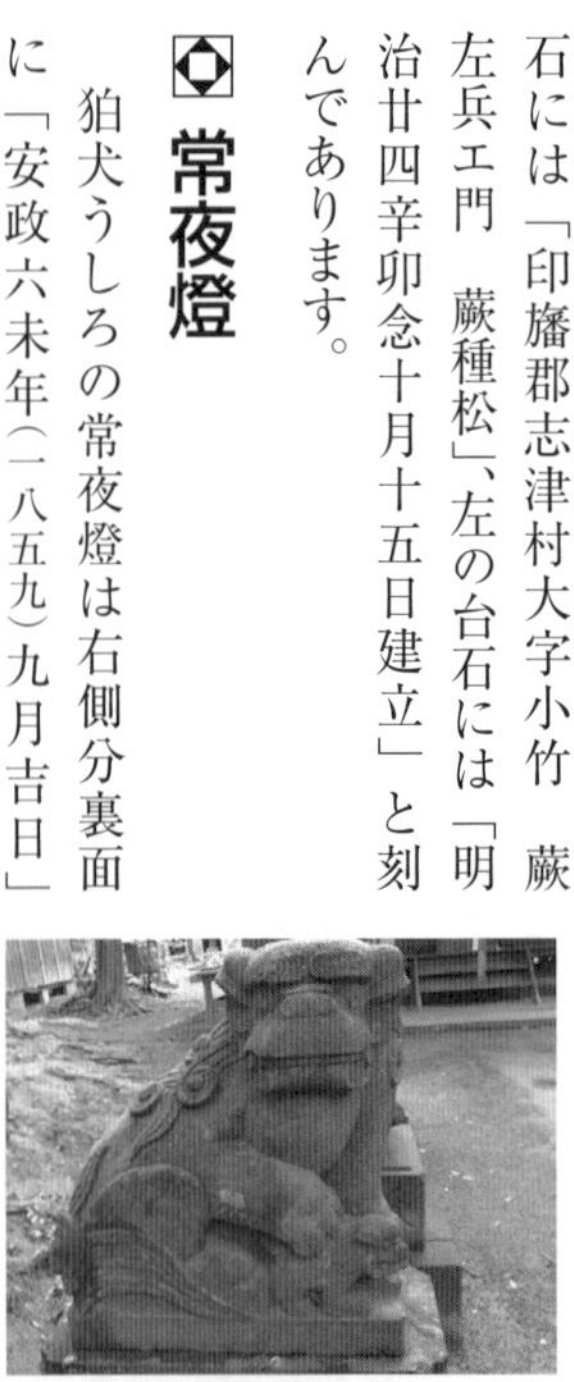

とあり、一対の台石にはたくさんの氏子名が記されています。

〈境内の神々〉

本殿の裏に連棟❶があり、神様が祀られています。左から天満宮、子安神社、皇大神宮、八坂大神、疱瘡神社、です。連棟の隣に別棟の小社があり、白山神社、など七基が祀られています。

以前は旧版に書いたとおり個別に小さな社が六棟建っていて、老朽化していましたが、平成二七年四月七日、改訂版写真撮影のために訪れましたら社殿・本殿の裏周りがきれいに整備され、神様方が居心地よさそうに鎮座なさっていました。

❶

❷

なお、子安大明神は「元文四(一七三九)未己月朔日」、皇大神宮は「明治三十三年一月十一日」、疱瘡神は文化八年(一八一一)、天明八年(一七八三)、天保一二年(一八四二)の造立です。

文化十二年銘の手洗石

その連棟の前に小ぶりな手洗い石❷があります。正面に横書きで「奉納」、右側に「文化十二(一八一五)亥六月吉日講中」、左側に「世話人重左衛門」とあります。大きさは幅二五㌢、厚さ一三㌢、高さ四一㌢です。

浅間神社と参拝記念碑

社殿の左の小山に祀られています。

❸

❹

左側❸のものは正面に「富士浅間大神　登山大願成就先達小久保逢雄」とあり、台石にたくさんのお名前が刻まれています。「大正八年十月建立」です。

右側❹のものは正面に「富士浅間神社登山祈願成就之碑中先達小久保茂助」とあり、「明治四十一年四月建立」です。

菅公一千年祭記念碑

本殿裏の神々をお祀りした連棟の左に高さ一七四センチもある三角形の石碑が建っていますが、これはなんでしょう。

正面に「菅公一千年祭記念碑」、裏面に「明治三十五年十二月三十日　興農協会　発起人　鈴木幹雄」とあり、会員二二名のお名前が刻まれています。「菅公」とは菅原道真公のことです。平安時代の貴族で、学者、漢詩人、政治家ですがのちに天神様として祀られ、人々に学問の神様として崇められ、親しまれてきました。明治三五年は菅原道真公没後一千年で、明治三五年から三六年にかけて全国各地でお祭りが行われ、湯島天神や亀戸天神など各地で記念碑が建立されました。

ここ小竹でも興農協会によって盛大な一千年祭が行われたわけで、これは貴重な遺蹟です。

6 御岳神社

小竹一一九〇ー一
新交通システム「女子大」東一・八キロ

四社大神の横を通り過ぎると畑にでます。道半ばで左に入ります。畑仕事をなさっている方に「この辺に神社がありますか?」と声を掛けると、「ええ、あるようですよ」。さらに「この道はこの先に進めますか」とお尋ねすると今度はきっぱりと「ええ、道になっています」。

なぜ道があるかと聞いたかといえば、その先に道があるのかないのか、丈の高い草が一面に生えていて、見分けがつかなかったからです。草を掻き分け道を進み、目前の林で行き止まりかなと思っていると左手の林の中が切り開かれていて、家屋（社殿）が見えました。

境内に入ると驚いたことに、新しく建てられた手洗所がありました。（取材・昭和六一年）

社殿も素朴で神社とは見分けがつきかねましたが、奥には立派な本殿が祀られていました。

この神社はその名のとおり御岳山をご神体として祀る山岳信仰の分社で、近在の秋山様のお話によると、木下から行者がよく来ているそうで、四社大神のように村の鎮守ではないので村で祀っているわけではありませんが、有志の方が管理し、お祀りしているとのこと。

平成一一年八月一日、この神社を管理されている方をお訪ねしました。「今、ちょうど仲間が木曾へ行っています。私は脳梗塞で倒れてから行けなくなりましたが、毎年四～五人が行っています」。

行事は、正月と五月と九月。祭礼は毎年一月七日です。五月と九月は木下から宮司さんが来ます。

明治何年かにこの地にやってきた行者が、地中から赤くて丸い石を見つけました。するとお告げがありました。それを御神体としてお祭りしなさい、と。

そこで木曾の御岳神社へ行って、普段は持ち帰りご法度のお山の石を特別にいただいて帰り、当地で出た石とともに御神体としてお祀りした、それがこの神社の始まりだそうです。

＊　＊

道中あれほど草深い道でしたのに、境内にはほとんど草がなく、修験の場の雰囲気をたたえています。

当地に山岳信仰の霊場があり、しかも今日も行者が訪れていることを知って、その峻しい行を想い、なにかしら心の引き締まる思いでした。(取材・平成一一年)

平成三〇年一月三一日、再訪。

神社がどこにあるのか、よく分かりませんでしたが、今は草はなく、畑中の道を行き、右に折れ、突き当たりを左に折れるとその最深部にありました。

境内に着いたとたん向かいの山道から人が現れたのでびっくり。向かいの八幡台の方でした。散歩で時たま来ている、と。

7

水《みず》神社

小竹一一六一

新交通システム「女子大」東一・八キロ

水神橋のさくら道道標から北へ約百メートル、左手の台地すそに鳥居が見えてきます。

水神社です。祭神は水祖(みずのおや)、罔象女神(みずはのめのみこと)。

創立年代は不詳。例祭日は一〇月一五日です。

本殿は間口二尺七寸、奥行三尺一寸、屋根は茅葺きですが保護のため覆ってあります。

水神社の前にお住まいの秋山あき様(九〇歳・取材当時)にお聞きしました。

「こんなに立派な水神社はめったにないそうですよ。昔は水神社のうしろに、大人五人でまわしてもたりないような大きな松がありました。松を売ったので、この鳥居ができました」。

お話をお聞きしてあらためて石段を登り、社殿の裏側へ行きました。高みの上に切り株が残り、太い根が四方に広がったままでした。

「対岸の八幡台の方たちが、向こうに神社がある、と見に来られたりしますよ」―これは通りがかった地元の方のお話です。（平成一〇年一〇月取材）

8 水神橋《すいじんばし》のさくら道道標《みちどうひょう》

小竹一一四七
新交通システム「女子大」東一・二キロ

都市地図で小竹と八幡台の間の手繰川に「水神橋」という活字が見えます。そしてその橋の西、突き当たりの台地すそにこの道標があります。

向かって左側のものは御大典記念に建てられたもので、正面には「御大典　正面　臼井佐倉方面」、右面には「→　青菅保品方面」左側には「←　井野上高野方面　昭和三年十一月小竹修斌会」とあります。大きさは、高さ六五センチ、幅一七センチ、奥行一五センチです。

右側のものは、真ん中に「東○観世音臼井佐倉成田山」、右に「右　米本稲荷平戸船尾神保道」、左に「左　井野萱田高本明治三十一年十二月」とあります。大きさは、高さ四五センチ、幅二四センチ、奥行一〇センチです。

原位置は、今の場所より後ろに下がったところにあった、と地元の秋山清様にお聞きしました。

道標の右奥が旧道です。手前を北に行く道路は、昔はなかったそうです。（32頁、「道標保存の意義」参照。）

9 中内《なかうち（なこち）》の庚申塔佐倉道道標群

小竹・中内
新交通システム「女子大」東一・二キロ

手繰橋から北へ入ります。「さくら霊園は直進」と書いた大きな看板のある三叉路を左に登ります。

❷

❶

❹

❸

❺

登りきった山上の三叉路に、庚申塔などが五基、祀られています。眼下にはさくら霊園のほぼ全域が、そしてその先に志津と臼井の境をなす手繰川と臼井の台地が一望のもとに見渡せます。

ここの石塔はいずれも個性的で、情報も豊かなので、一基ずつ紹介します。

◈ 秩父二十四番さくら道道標❶

入り口すぐのところにあります。

正面種子の下には「秩父二十四番」、右に「明治三十三年一月吉日」、左に「高橋弥右ェ門」、右面に「東臼井佐倉道」、左に「西　井野米本萱田道」、裏面に「北当小竹区」とあります。高さは台石ともで一〇六センチあります。

◈ 文字塔庚申塔道標❷

正面まん中に「青面金剛王」と書かれた文字塔で、上部には日月が頂上の三角の両辺に突き出しているという、凝ったつくりとなっています。

高さは台石ともで九〇センチで、左面に「文化十酉年（一八一三）十一月吉日」、右面に「右ハ　あおすげ先崎　左ハ　井野上高野」とあります。

◈ 青面金剛《しょうめんこんごう》像庚申塔❸

笠付で、高さが一二六センチ、台石ともでは一五〇センチもある、この石塔群の中では中核となる刻像塔です。

青面金剛合掌四手、一鬼、三猿、そして二鶏と、型式をふまえています。左面には二四人の名があります。

◈ 文字塔庚申塔❹

高さは台石を除くと六三センチ、幅四一センチで、庚申塔としては珍しい幅広の造形です。

正面に「庚申塔」、右面に「万延元庚申（一八六〇）十一月日」とあります。文字の部分だけ磨いてありますが、他は全体がぎざぎざのまま、しかも奥行を絞ってあるという造形的に美しいものです。

それにしても像立から一四〇年も

たってからその造形が評価されるとは、これを造った石工は、今、草葉の陰でどんな想いでいるのでしょうか。

◆二十三夜供養塔⑤

正面に「二十三夜供養塔」、右面に「文化十二乙亥年（一八一五）」、左面に「十一月吉日」とあります。

10

小竹五郎《おだけごろう》の墓

小竹・向台
新交通システム「女子大前」南一キロ

小竹城址入口、小竹から上座に向かう道が右にカーブする左側の、垣根で囲まれた敷地にあります。

正面に「千葉六家之正跡　小竹五郎之墓」、右面に「明治廿六年癸巳年十一月穀旦、先祖為菩提高橋弥右エ門建立」とあります。大きさは、墓石の高さが七三センチ、幅三一センチ、奥行三〇センチ、台座が高さ二三センチ、幅五〇センチ、奥行四八センチです。

小竹五郎は千葉氏の族臣で名を小竹五郎高胤といい、小竹城に居城していました。その存在は一四世紀後半と考えられています。後に里見氏に属し、帰農して姓を高橋惣兵衛と改めたといわれています。今、付近には高橋を名乗るお家がたくさんありますが、その子孫だそうです。

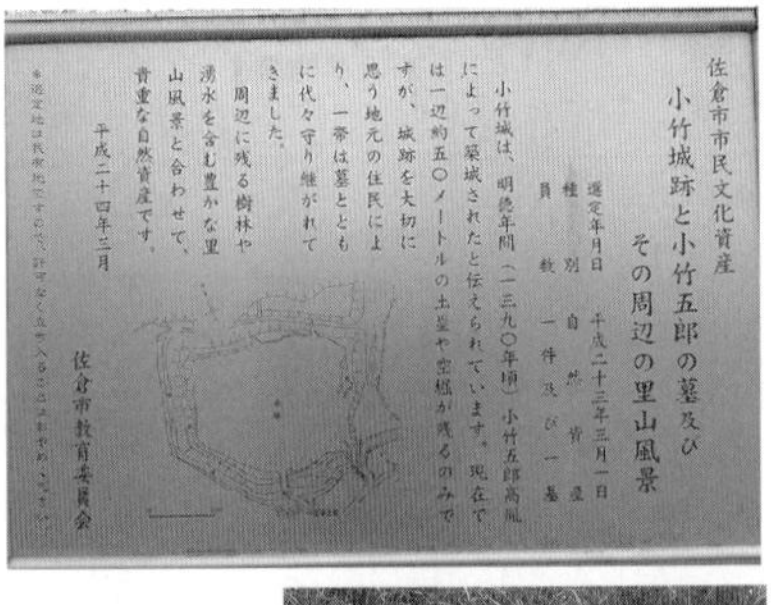

この墓は明治二六年の建立とありますから、当然のことながら墓というよりは、子孫が先祖の菩提を弔って建てた供養塔というべきものでしょう。

市民自然遺産に選定

小竹城跡と小竹五郎の墓及びその周辺の里山風景は、平成二三年三月一日、佐倉市の市民自然遺産に選定されました。佐倉市の公式ホームページによると、「城跡を重要と思い続けた代々の住民たちによって、周辺一帯を含め守り続けた土地で、現在でも竹林や湧水を含む豊かな里山風景が残っている貴重な自然資産です。」とあります。

市民文化資産選定制度

佐倉市内には、地域住民により長く保護され、継承されてきた豊かな歴史、文化、自然が多く残されています。それらは佐倉にとって大切な「資産」

です。その「資産」を市民の手で未来に伝えていくための制度が「市民文化資産選定制度」です。

□市民文化資産とは

地域で愛されてきた各地　域の個性を表わすもので、歴史・文化・自然の三つの種別に分けられます。

・生活文化資産…年中行事、民俗芸能、家屋など
・芸能文化資産…音楽、美術、工芸技術など
・自然資産…森林、里山、動植物など

□地域文化活動団体とは?

所有者の同意を得て、市民文化資産の保全活用を行っている団体です。一定の要件により、地域文化活動団体の登録をすることができます。

(市のパンフレットより)

11 小竹城址

小竹九〇一—二他
新交通システム「女子大」南一キロ

小竹幼稚園の道向かい、小竹五郎の墓の脇の道を入ったところに土塁があり、城址を示す標柱が立っています。

小竹城は臼井城の支城のひとつで、千葉氏族臣の小竹五郎高胤の居城であったといわれています。入口左奥に妙見様が祀られており千葉氏との関係を示しています。

臼井城の西南一・五キロメートルの台地上で、土塁や空堀が一部ですがよく残っています。

標柱のある切り通しが虎口(入口)です。

規模は東西八七メートル、南北七七メートルの居館型式で、高さ約三メートルの土塁を巡らしています。土塁の外側は整備されていて一周できます。以前は雑木が繁茂して立ち入れませんでしたが、近年、佐倉里山ガーディアン(代表・飯田富雄氏)の皆さんが整備してくださいました。規模が小さいとはいえ、中世城郭の周りを一周して観察できるなんて、今どき珍しい存在だ

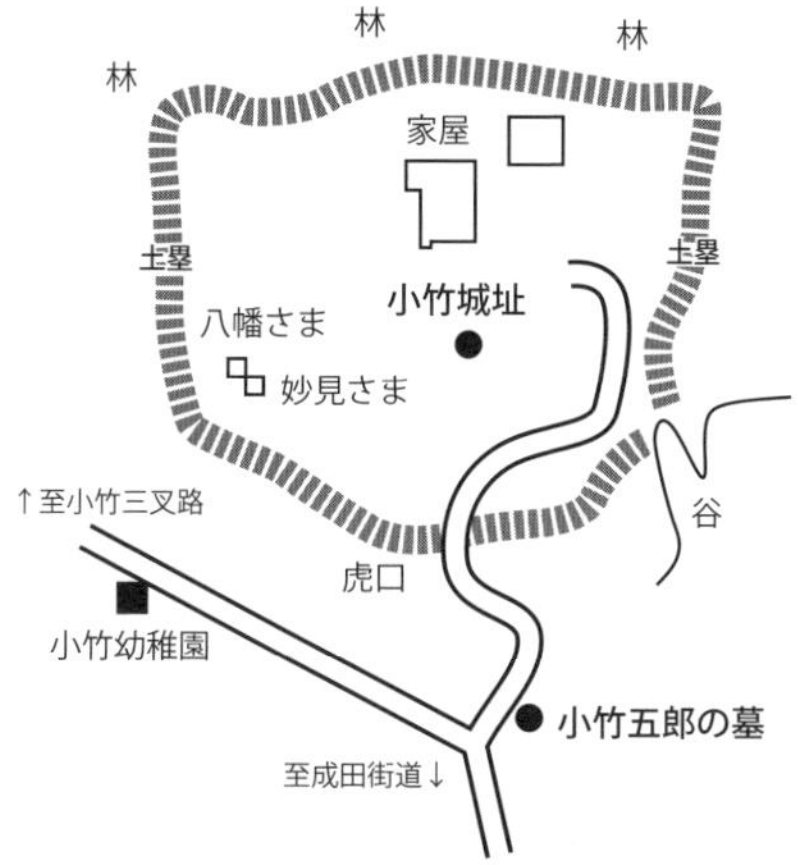

城郭内▶

と思います。

なお、遺構の性格などについて、ここでの私の説明と現地の標柱の説明とでは微妙に違いますが、『佐倉市史巻二』一五二頁の解説や、『千葉県佐倉市中近世城址測量調査報告書』の小高春雄氏の解説をふまえ、中世の小竹についていろいろとあなたの想いを馳せてみると面白いでしょう。中世城址を窺がう貴重な遺構です。城郭内には妙見さま❶と八幡さま❷が祀られています。

小竹城址の環境整備

昔、私が興味を抱いて調査のため再々訪れていた時の小竹城址は土塁内に人家があり、人が住み、畑をなさっているので土塁内はきれいでしたが、土塁の周りにはうっそうと雑木が繁茂していて立ち入ることができませんでした。

ところがある年に訪れましたら、土塁の周りがきれいさっぱりに整備され、土塁の様子を観察しながら、一周することができるようになっていました。

聞くところによると、里山の保全活動をしている佐倉里山ガーディアンの皆さんが、ボランティア活動で整備してくださった、とのこと。その後も継続的に面倒をみてくださっています。

これはありがたいことで、史跡案内などでも必ず一周してご案内することができるようになりました。

平成二二年、井野中学校・小竹小学校・青菅小学校の三校協議会さんによる夏休みの教職員地域研修でご案内しましたら、そのうちのある先生が、さっそく二学期の学習に取り入れてくださいました。児童を連れて行ってくださったのです。

環境が整備されていてこそこうした史跡の活用が図られるのです。佐倉里山ガーディアンさん皆さんの活動に感謝します。

12 小竹の道祖神社

小竹・踊場
新交通システム「女子大」南八百メートル

小竹幼稚園の前にあります。道祖神が社殿を持つ

のは珍しいといわれています。猿田彦を祀っています。昭和三年に堂内に納めるまでは、外にあったそうです。手洗い石に明治三年の銘があります。

　境内の小石で、いぼや足の痛みをさすると治る、と言われています。

　昔は祭礼の時は露天商が立ち並び賑わったそうです。特に、上海事変が起った昭和七年頃や、第二次太平洋戦争中は出征兵士がここで武運祈願をして戦地に向ったそうです。

　以上のことは秋山宏行様が教えてくださいました。

＊　＊

　平成二二年七月二六日に訪れた際には老婦人が竹箒で丁寧に境内を掃き清めていらっしゃいました。

　お話をお伺いしますと、「縁日の日など、昔は、それはそれは賑わっていましたよ」とお話ししてくださいました。

コラム　小竹城址と里山保全活動

飯田富雄

　四〇歳の時に、肺がんになったおかげで、自然環境の保全が大切と思うようになり、ボランティア活動を始めました。偶然にも、家の裏が、小竹城の城跡だったため、そこから取り組んでおります。

　奇しくも東日本大震災の年、佐倉市自然資産の登録をいただき、一層力を入れてまいりたいと決意しました。

　最近、世界遺産や一〇〇名山の山登りなどをはじめまして、それらの風景が、ここ小竹の里山にもあればいいな、と思うようになりました。

　佐倉市は面積の七割が田畑と森林です。その自然環境が、維持保全が危ぶまれている今日、又、昨年佐倉市は、日本遺産一〇〇選に選ばれ、自然環境をどう磨きあげていくのか？　明確な方向性を描く必要があります。

　一〇〇年後の佐倉市が、日本の情緒あふれる、風光明媚な、理想的里山風景を形作られるよう、今から青写真を描きたいと思います。

　そこには過去の歴史と、今、あるべき将来像が、正しく認識されていなければなりません。

　宮武さんの『志津の史跡と名所』に出会い、宮武さんに出会い、宮武さんが随所を歩かれて取材された生の声は、あるべき将来像の洞察が隠されています。

　肺がんとなって、生かされたこの命をこれからも、皆さんのご行動と、思いと共に、又、より多くの同調してくださる市民とともに、作りあげていきたい所存です。

（佐倉里山ガーディアン代表）

13

小竹の出羽三山塚

小竹八〇九―一
新交通システム「女子大前」南七百《メートル》

小竹地区の住宅の所在を案内した看板のある小竹三叉路から南に約二百《メートル》行った左側にこの塚があります。

全部で一二基、古いものは享保二年（一七一七）と天保六年（一八三五）のものです。あとは明治一二、三二、四一年、大正二年❶、昭和七、三〇、三四、三八年、平成五年のものです。一番新しいのは平成一四年のものです。

▼平成10年

❶

咳の神

塚の右脇に小さな祠があり、咳の神様と伝えられています。

石造鳥居の竣工式

平成二五年三月三〇日、小竹出羽三山塚前の鳥居の竣工式がありました。木製の鳥居が傷んだため、石造りのものに建て替えたのです。

この竣工式に行き合わせたのが、佐倉地名研究会の平田恭一郎様です。志津部会での平田様のお話によりますと、塚の前に祭壇が設けられ、塚の前に幣束を立てかけ、祭壇にお神酒、昆布、するめ、りんご、人参、大根などをお供えし、鳥居に注連縄を掛けて準備完了。氏子約二〇名が参列し、神主さんが祝詞を唱え、お払いをし、氏子が玉串を供える神事が執り行なわれたそうです。

三山塚を、地域で大切に守っていることが分かります。

◀写平田恭一郎氏（左右とも）

Ⅳ

上座　じょうざ

旧上座村探訪
成田街道沿いに歩く①

▲宝樹院にて

手繰川西岸の台地上に位置し、東の対岸は臼井台町、北は小竹村、西は井野村、村の中央北寄りに東西を成田道が通っています。

慶長19年(1614)東金御成街道覚帳に村名がみえます。江戸時代初期は葛飾郡のうち、「寛文朱印留」では佐倉領です。安政5年(1858)の佐倉藩領村高家数等覚では家数が50となっています。

熊野神社があり境内には八坂神社ほか5社があります。寺院は臨済宗妙心寺派の宝樹院があります。

明治22年の志津村の誕生の際には、上座に村役場がおかれました。

また、明治29年には志津高等小学校（のちの志津小学校）が上座におかれるなど、いらい志津村の中心としての役割を果たしました。

上座地区の文化財地図

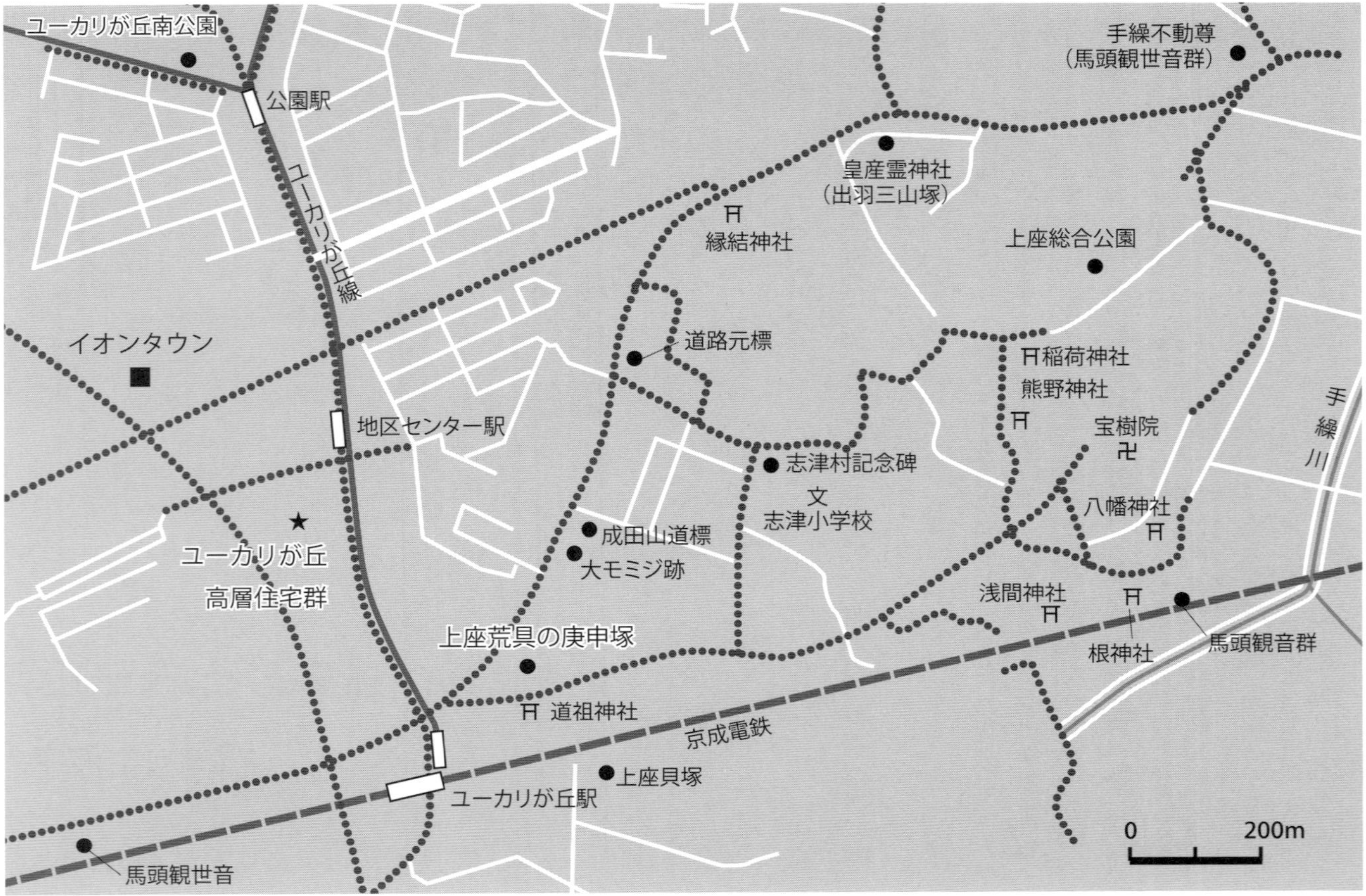

ユーカリが丘南公園
公園駅
ユーカリが丘線
イオンタウン
地区センター駅
ユーカリが丘
高層住宅群
上座荒具の庚申塚
道祖神社
ユーカリが丘駅
上座貝塚
京成電鉄
馬頭観世音
成田山道標
大モミジ跡
道路元標
縁結神社
志津村記念碑
文
志津小学校
皇産霊神社
（出羽三山塚）
上座総合公園
稲荷神社
熊野神社
宝樹院
八幡神社
浅間神社
根神社
馬頭観音群
手繰不動尊
（馬頭観世音群）
手繰川
0
200m

■旧上座村探訪

1 上座貝塚《じょうざかいづか》

【史跡・県指定】

上座三七四―一
京成電車「ユーカリが丘」南口東三百メートル

昔、志津の低地は海だった、それを示しているのがこの貝塚です。

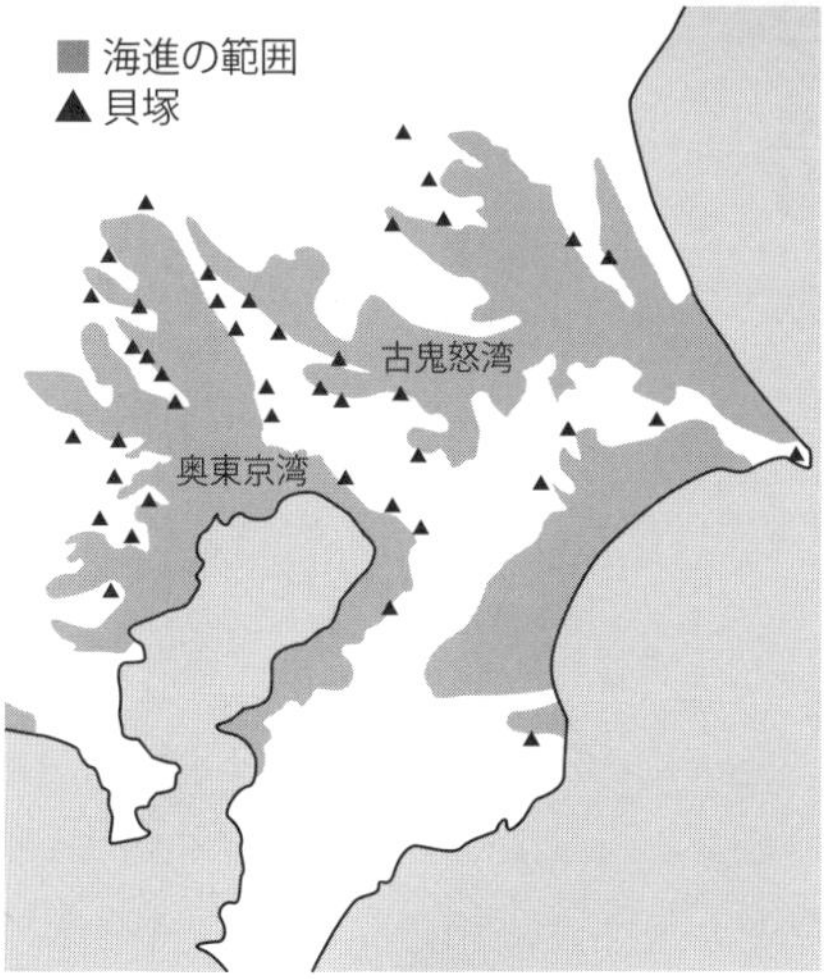

◀五千年前の関東平野。海進で海が入り込んでいた。

ユーカリが丘駅南口の東にある、一番原児童公園が上座貝塚です。

印旛沼に注ぐ井野川上流の台地上に所在します。

昭和三二年明治大学考古学研究室の調査で、住居跡二軒、炉穴七基が確認され、カキやハイガイ、ハマグリ、オキシジミ、シオフキなど海水系の貝が出土しました。出土した土器は茅山式土器、鶴ヶ島台土器と呼ばれる縄文時代早期のものでした。

数ヵ所に点在する地点貝塚で、京成電鉄線路の南北で確認されていますが、一番原児童公園の部分が県の史跡に指定されました。

以上は『佐倉市の指定文化財』から引用させていただきましたが、縄文海進を示す貴重な遺跡で、早々に千葉県の史跡に指定されたこともあり、千葉県の古代をひもとく書物によく出てくるという意味で、有名な遺跡・貝塚です。

志津の低地は海だった

それを示す証拠は、志津のあちこちで確認されています。角栄団地（中志津）を開発していた時、今の六丁目あたりの台地を横断的に切り下げていましたが、おびただしい貝の層が見えました。

志津エクセレント前の幹線道路、ガスのパイプライン埋設で道路の真ん中を切り下げていた時にも貝の層がありました。最近では、上座の浅間神社北側の住宅地を造成していた際にも、広い範囲で貝が散らばっているのが見られました。これらは貝塚ではなく貝層ですが。

上座貝塚地続きの殖産団地にお住まいの方から、お庭で貝が拾えると見せていただいたことがあります。

きちんとした発掘調査の報告では、例えば井野長割遺跡では貝塚を確認している、などの記述があります。

2 上座荒具《あらぐ》の庚申塚

上座・荒具
京成電車「ユーカリが丘」東二百《メートル》

ユーカリが丘駅北口交差点を東へ、上座の集落に入ってすぐ、左手に塚があります。この塚は上座荒具1号墳で、庚申塔が一三基祀られています。

一番古いのは元文五年（一七四〇）の仏像塔で、中央に祀られています。正面に日月、青面金剛、一鬼、三猿が彫られ、笠付きの立派なものです。高さは台石とも八七《センチ》です。左面に造立年月日、右面に「奉造立二世　安楽所」と刻まれています。仏像塔はほかに一基、天保八年（一八三七）のもの❶がありますが、その他はすべて文字塔です。

この塚の特徴は、一三基のうち天保年間のものが六基もあることです。

「今でもお祀りがされていますか？」「ええ、毎日、お掃除をなさっていらっしゃいますよ」――私が計測したりノートしたりしていましたら近寄ってきて、「これはなにをお祀りしているのですか？」と問いかけてくださったご近所の方のお話です。

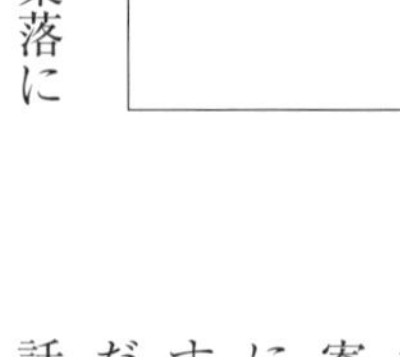
❶

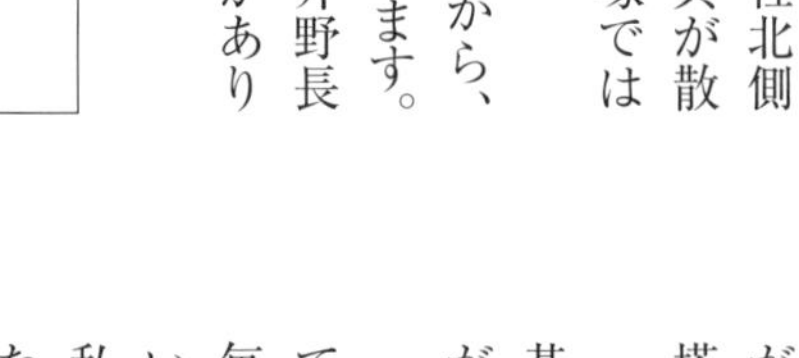
❶

3 上座の道祖神社《どうそじんじゃ》と北辰大神《ほくしんだいじん》

上座・一番原
京成電車「ユーカリが丘」東二百《メートル》

上座荒具の庚申塚の前、上座集会所の敷地に道祖神社があり、本殿の後ろに「北辰大神」の石碑があ

ります。

「北辰大神」の石碑は、千葉氏一族に関係したものと考えられています。「北辰」とは北極星・北斗七星のことです。したがって「北辰大神」とは北辰を神格化したものです。

「妙見さま」は千葉氏の守り神でした。北極星・北斗七星が神格化され「妙見菩薩」となりますが、「妙見さま」が祀られていたらそこは千葉氏に関係のある場所と考えてよいと言われており、この「北辰大神」の石碑も、このあたりに千葉氏の武将が居たあかしと考えられています。

この石碑は元は一番原児童公園の場所にあり、上座貝塚発掘調査の際にこの場所に移転したそうです。平成二六年五月頃、史跡調査で上座を探索していた時に、地元の古老の方が教えてくださいました。

＊　＊

道祖神社本殿の縁の下には道祖神様がたくさん保管されています。おそらく、道々にあったものが粗末にされないように、ここに収容されたのだと思われます。

4 宝樹院《ほうじゅいん》

上座一〇四一
京成電車「ユーカリが丘」北口東八百メートル

上座台地の東南のへり、東に手繰川と臼井の台地、南に神楽場遺跡のある台地をはるかに望む絶景の場所にあります。

いつか知人の法事で訪れた時、その日はま夏ですぐに汗ばむ日でしたが、山門にはさわやかな風が通っていて爽快な気分を味わったことがあります。

一町歩あるという境内ですが、山門を入るとまずお庭が素晴らしい。よく手入れされていて、訪れる者を自然に禅の世界へ導いてくださるかのようです。

平成一〇年一二月、取材に訪れた時ご住職が庭の落ち葉を掃き清めていらっしゃいました。お話をお伺いし、まずは墓地にある板碑を見に行って戻ってきましたら、資料を用意してくださっていました。その場で、すなわち観音堂の縁側、ご住職の目の届くその場所で資料を開きノートしていましたら、「そこは寒い（北側）ですから（陽のあたっている）向こう側が温かいですよ」とおっしゃってくださいました。

❶

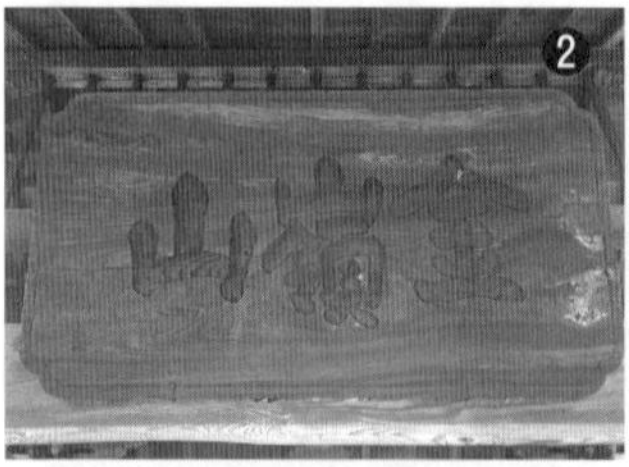
❷

❸

したがってこの原稿は観音堂の項まですべて、ご住職の加藤泰裕様からお聞きし、またはお見せ頂いた貴重な資料、ご住職ご自身のご研究の成果に基づいて書いていきます。

＊　＊

宝樹院は臨済宗妙心寺派で山号を金嶺山と号します。本尊は地蔵菩薩で、開山は、夢窓国師。創立は文和二年（一三五三）です。これは『下総國印旛郡寺院明細帳参冊之内壱』に記載されている年代です。

現在の佐倉地域の臨済宗は、鎌倉の建長寺から入ったものです。臼井城主の臼井興胤が現在の佐倉市臼井田町に圓應寺を開創（暦応元年・一三三八）したのがその始まりで、宝樹院も建長寺末として同時代に開創されたと考えられています。なお、これらの寺院は今はすべて妙心寺派になっています。

◈山門❶

間口一間半、奥行き一間半の瓦葺きです。明和四年（一七六七）に建てられたものを、昭和四五年に改築しています。

山門額❷は縦三尺、横五尺半で、臨済禅中興の祖と称される白隠慧鶴の書です。

◈本　堂❸

間口七間奥行き五間で、屋根は瓦葺きです。

現在の本堂は昭和四三年に建てられましたが、それ以前の本堂についても絵図面が現存しており、本堂建設の歴史を辿ることができます。

すなわち絵図面には、天保五年（一八三四）に取り壊された本堂の間取りと、文久三年（一八六三）四月に再建の願い出がされた本堂の間取りが記されてい

ます。さらに他の文書の記録から、願い出の後、元治二年（一八六五）に再建されたものと思われます。

本堂には、本尊の地蔵菩薩坐像のほか、開山夢想国師像、伝原胤栄坐像をはじめ、釈迦如来坐像、観世音菩薩坐像、弁財天坐像が安置されています。

これらの仏像について加藤住職は詳しく研究されています。その研究成果について、ここで詳しく紹介する知見を私は持ち合わせていませんが、例えば本尊の地蔵菩薩坐像は、台座底板の墨書銘文やご仏像の時代的特徴から室町時代の制作と考えられています。

鐘楼堂 ❹

間口一間半、奥行一間半で、屋根は胴版葺きです。明和六年（一七六九）に建てられ、昭和五一年に改修されています。

梵鐘は、鐘楼堂と同じ明和六年に鋳造されたものでしたが、太平洋戦争中の昭和一七年に供出させられ、現在のものは昭和五一年に鋳造されました。直径二尺三寸です。

観音堂 ❺

間口三間、奥行三間で、屋根は胴版葺きです。安永八年（一七七九）に建てられ、大正四年に修理、昭和五三年に改修しています。

本尊は観世音菩薩坐像、脇立に薬師如来立像と地蔵菩薩立像が安置されています。ほかに、菅原道真像があります。

観世音菩薩信仰として毎月八日と二八日には観音講が行なわれています。薬師如来立像は「目の薬師」として信仰されています。

大観音像 ❻

平成一一年、墓地の中央に建立されました。

樹齢六百年　伝・臼井《うすい》興胤《おきたね》公お手植えの古木・サザンカ ❼

山門を入るとまずよくお手入れされたお庭の美しいことに身の引き締まる思いがします。

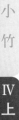

正面のご本堂との中ほど右に古木・さざんかがあります。

佐倉市の「名木・古木等保存選定一覧表」によると、「樹齢一五〇年、さざんかの古木としては珍しい」と書いてあります。しかし最近、台風で傷んださざんかの治療を樹木医さんにお願いをしていましたところ、樹齢は六〇〇年であることが分かりました。評価の確定にはもう少し時間がかかるようですが、天然記念物としての高い評価も近いと考えられます。

臼井興胤公お手植えのさざんか、と伝えられており、天然記念物としてはもちろん歴史的にたいへん貴重なものが、この地に残されている、ということで、これは嬉しいニュースです。

五百羅漢堂❶

山門入って左手に五百羅漢堂があります。

お釈迦様の教えはその説法を聞いたお弟子さんたちによって口伝で伝えられました。その教えを正しく伝えるためにお弟子さんたちが集まり、仏典（お経）を編集しました。五百羅漢とはその時に招集された五百人の優れたお弟子さんの尊称です。一体一体すべてお顔やお姿が違います。自分に似た顔、誰かに似た顔に必ず出会えます。（以上、宝樹院様の資料から）

開創六五〇年を慶賀し、平成一五年に建立されました。

六地蔵❷

山門前の右手にあります。

高さが六〇センチ位の丸彫りで、お顔が可愛らしいものです。宝暦六年（一七五六）の造立で、保存がよく、高く評価されてしかるべきものです。

小谷茂信翁碑《こたにしげのぶおうひ》❸

観音堂の左に高さが二メートル近くもある大きな石碑が建っています。小谷茂信先生の遺弟たちが先生の徳を称えて大正四年に建立しました。

碑文には「明治三年開私塾於印旛郡上座村以教育子弟五年学制改革廃私塾六年為公立上座小学校授業生専心執教鞭十餘年」云々とあります。平成二九年一二月五日、加藤住職が指でなぞりながら読んでくださいました。通釈しますと「明治三年私塾を印旛郡上座村に開いて子弟を教育された。明治五年学制が布かれたので私塾を廃止し、翌六年に公立上座小学校ができたので教師になり、専心生徒の授業にあたり、教鞭をとること十餘年」となります。

◈千葉家三十戦死供養碑❹

境内、古木サザンカの左下にあります。

千葉家三十戦死の供養碑というので興味深いのですが、千葉家三十とは誰のことか分っていません。明治三五年の造立です。元は旧林性寺跡の裏山にありました。

◈観世音❺

六地蔵の左手に四基の観世音が祀られています。前列左側のものは高さ六八チセン、幅三〇チセンの千手観音で、佐倉地域では珍しく多数の手を持った観世音と言われています。右側面に「文化十二乙亥（一八一五）十一月吉日」とあります。

◈大師堂

『印旛郡誌』の宝樹院の項に「境内仏堂二宇あり即一、大師堂」「弘法大師を本尊とす由緒不詳建物間口一間奥行き四尺」とあります。

大師まいり六崎組十善講の札所になっています。

◈上座の二十三夜塔

六地蔵と観世音石仏群の後ろに六基の二十三夜塔があります。

元は熊野神社裏の熊野会館左手にありました。平成一二年発行の本誌旧版には「上座の二十三夜塔」として紹介していました。その後こちらへ移転してきたのです。

一番古いのは文政一〇年（一八二七）のもの❻で、高さは、台石とも八九チセンです。以下年代順に、天保

3

4

5

6

一三年（一八四二）、安政四年（一八五七）、明治二三年、大正五年、昭和五年、と続きます。

一番大きいのは昭和五年のもので、高さは台石ともで一四七センチ、奥行六センチの板石状のものです。

5

根神社《ねのじんじゃ》

上座・鍬ノ作
京成電車「ユーカリが丘」東一キロ

宝樹院門前から右へ、少し下がってつきあたりのT字路を左に、道沿い右の民家二軒をやり過ごした先の右の茂みの中に石祠があります。

「根神社」が祀られています。「安政二年（一八五五）」のものです。脇の「子権現《ねのごんげん》」には「万延二年（一八六一）」の銘があります。

子権現とは

子の聖《ひじり》は子の年、子の月、子の日、子の刻に生まれました。聖は地を求め吾野の子の山に辿り着くと、鬼たちが聖の入山を妨げて猛火で包みました。

聖は火が衣に移る中、合掌し、念じました。すると、竜があらわれ、大雨を降らせて火を消しました。

聖は足腰を火傷し負傷するも一命を取り止め、それを癒して山を開いたことから「足腰守護の神仏」として信仰されるようになりました。

6

上座鍬ノ作《くわのさく》の馬頭観音群

上座・鍬ノ作
京成電車「ユーカリが丘」東一キロ

左上に八幡神社が見える地点で右に緩やかな斜面を下ります。右に回り込むと、高いところに石積みが見えます。なんだろうと思って登って見ると大小さまざまな馬頭観音様でした。調査していないので詳しいことは分かりませんが、一三基ある、といわれて

います。

　めったに人が通らない場所なので知りませんでしたが、志津郷土歴史同好会の方は早くからご存知だったようで、平成二四年、佐倉地名研究会が上座調査で歩いた時に、志津郷土歴史同好会会員でもある田辺タツ子様から教えていただきました。

7
熊野神社

上座一〇四五
京成線「ユーカリが丘」東一・五キロ

　ユーカリが丘駅北口交差点を東へ、上座の集落に入って進みます。前方右に宝樹禅院駐車場が見える手前で左に入るとすぐです。

　広い境内の入り口に案内板があります。

　私が訪れた秋のある日、境内では菊花展が開かれていました。上座菊寿会により見事な菊が沢山展示されていました。

　最優秀賞などの作品が本殿に飾られていました。菊に飾られた本殿はあでやかで、神様も喜んでいらっしゃるようでした。

　祭神は、伊弉諾命（いざなぎのみこと）、伊弉册命（いざなみのみこと）、事解男命（ことさかのおのみこと）、猿田彦命（さるたひこのみこと）、大己貴命（おおなむちのみこと）他一柱です。

　例祭日は九月一五日です。

　由緒は不詳ですが、創建はおよそ五～六〇〇年前、一四〇〇年頃と思われる、とのことです。文化元年（一八〇四）、本殿建て替えの記録がある、とのことです。昔は熊野大権現と呼ばれていましたが、明治元年に現在の社名に改められました。

　本殿は銅板葺き八幡造り一坪、社務所は亜鉛板葺き八坪です。

　境内地は二八五坪です。祭礼は一〇月一五日です。

〈境内の神々〉

　境内には本殿の左奥に八坂神と阿夫利神社、その奥には金比羅大権現、本殿の左奥には八室に区切られた連棟があり、三峯神社、古峯神社、疱瘡神社、天御柱・國御柱神社、子安神社、足尾神社が祀られています。

❶

❷

阿夫利《あぶり》神社 ❶

祭神は、大山祇命（おおやまずみのみこと）、通称「石尊様」と呼ばれ、七月二七日に祭礼が行なわれています。

八坂《やさか》神社 ❷

祭神は素盞鳴命（すさのうのみこと）。七月に五穀豊穣を祈願し、厄病退散除けとして「天王様」（夏祭りの踊り）が盛大に行なわれています。

8 南方位《なんぽうい》熊野神社と北方位《ほっぽうい》熊野神社

上座の熊野神社には本宮の他、別な場所に南方位熊野神社と北方位熊野神社があります。

南方位熊野神社は前の宮的なもの、北方位熊野神社は後の宮的なもの、と考えられていますが、ホームページ「成田街道（佐倉道）その69」によりますと、「中世の館もしくは砦の敷地の東西の裾の位置あたりにおかれたもののような気もするが」「なにせこのあたりについての文献がまったくといっていいほどなくて、これも推測の域を出ていません」とあります。

南方位熊野神社

ユーカリが丘駅北口から上座の熊野神社に向かう道半ば、左側に神社があります。

熊野神社の前の宮と考えられています。鰐口（わにぐち）

には寛政二年（一七九〇）の銘があります。

◇北方位熊野神社 ❸

熊野神社の後方に赤い鳥居がみえます。約二百メートル歩いた畑の一画にあります。元は宝樹院北側の山林の中にありましたが、平成二五年春にこの場所に移され新築されました。熊野神社の後の宮と考えられています。

◇北方位熊野神社の力石《ちからいし》

敷地の片隅に力石が四個、置いてあります。長さ約四〇センチ、幅約三〇センチの丸石です。力石とは、力試しに使われる石です。江戸時代から明治時代にかけて、力石を用いた力試しが日本全国の村や町で盛んに行われていました。

力石自体は珍しくはないのですが、志津地区では意外に残ってないので、珍しい存在です。

＊　＊

平成二五年七月上座を訪れた時、北方位熊野神社の入口が封鎖され、鳥居もみえず、おかしいと思っていましたら、地名研究会の会合で平田恭一郎さんから熊野神社の後方に新しい鳥居が見えると教えていただきました。早速行って、移転したことを確認しました。

9　上座の稲荷神社

上座・上ノ田
京成電車「ユーカリが丘」東一キロ

熊野神社から上座総合公園へ。公園入口前の右手の山裾に鳥居があります。

山道を登って行くと、山の中腹に神社があり、「正一位稲荷大明神」が祀られています。いつ行ってもお供えが供えられているなど、大切にお祀りされています。

赤い鳥居、白い狐、「正一位稲荷大明神」の幟旗で知られる稲荷神社は各地にありますが、どんな神社なのでしょうか。

稲荷神社とは

赤い鳥居、白い狐、「正一位稲荷大明神」の幟の稲荷神社とは？

総本社は京都にある伏見稲荷大社です。祭神は宇迦之御魂神（うかのみたまのかみ）、倉稲魂命（うかのみたまのみこと）。

もともとは農耕の神様として信仰されました。稲には稲の霊力、稲魂が宿ります。田の神が春には山から降りてきて、秋、収穫を終えると初穂を捧げて神に感謝します。

狐は稲荷の使いです。神さまが山と里を往復する時の先払いを勤めます。春先山から下り、秋に山に帰る狐の習性が一致したようです。

室町時代、特に江戸時代に入ってから、農業神から商業神、屋敷神など、あらゆる願いをかなえてくれる神として、広く大衆に信仰されるようになりました。農村だけでなく、町家や武士も盛んに勧請、近現代では工業神としても普及しました。

10 上座総合公園

上座九一五他
京成電車「ユーカリが丘」北口東1・5キロ

夏には上座公園のプールへ子どもを連れて行く、そんな事からこの公園は開設早々市民にいち早く知られるようになりました。この公園は、都市公園五ヶ年整備事業の一環として計画され、元は主に水田でしたが、佐倉市が買収して公園を造りました。

計画決定の昭和四九年当時の話になりますが、志津地区の宅地化の波が上座地区にも広がり始めたことから、いちはやく計画されました。人口が急増する志津地区と臼井地区の中間に位置していることも、都市公園の適地とされたようです。総面積は九・九ヘクタール、約三万坪という広さで、昭和五八年四月七日に全面開設されました。

市民の健康と憩いの場で、プールのある運動施設、木製遊具のある遊戯施設等が整っていますが、上座の台地の裾に位置しているた

め、緑の深さがいっそう際立つすてきな公園です。
　今や佐倉城址公園と並ぶ桜の名所としても有名になり、春にはソメイヨシノやヤエザクラなど、約二三〇本の桜を楽しむことができ、多くの人が訪れ賑わいます。

◇ メタセコイア

　上座公園の中を歩いていましたら、左のエリアに端正な姿を整えた高い樹が二本、そして奥にも何本かが聳え立っているのに気がつきました。名札に「メタセコイア」とあります。

　メタセコイアはスギ科の落葉針葉高木で約八十万年前頃まで日本をはじめ北半球各地に群生していましたが、絶滅していました。この古代の樹を化石から発見したのが、植物学者の三木茂博士です。植物遺体の研究からその実体をつきとめ、昭和一六年、植物分類上の新しい属として発表しました。

　ところが昭和二〇年、中国四川省、揚子江支流の奥地で見慣れない樹が発見されました。メタセコイアです。絶滅したと考えられていた樹が生きていたのです。三木論文を読んでいた中国の学者が確認して発表しました。樹は三木論文のとおりで、研究の正しさが実証されました。

　その後米国の学者によって育てられた苗木は、まず三木博士の祖国に送るべき、と日本に運ばれ、皇居に植えられました。以後各地で植えられ、今では志津小学校等あちこちの学校や、公園にあります。

＊　＊

　ところで、三木茂博士の三男・三木隆氏は、私の職場の上司でした。氏は医学博士でウイルス研究の第一人者でした。

　香川県三木町鹿庭に「メタセコイアの里」があります。三木氏親子の生家跡地です。小橋を渡り、川土手を歩いて探しあてたその里はまさに「兎追いしかの山、小鮒釣りし　かの川」の世界そのものでした。庭山にメタセコイアが群生しています。

11 志津村記念碑

上座一一五六―一一・志津小学校
京成電車「ユーカリが丘」北口東八百メートル

　志津小学校の正門を入ってすぐ、右手にあります。前にあるのが志津村記念碑、奥にあるのが志津村役場改築記念碑です。

志津村記念碑は明治二六年一月二〇日に建てられ、志津村ができたいきさつや、村名の由来などが書かれており、志津村がなくなった今では、かつての志津村の存在を知る唯一貴重な遺物です。

志津村は明治二二年、画期的な市制町村制の発足に伴い、八町村と一集落が合併して誕生しました。すなわち先崎村、青菅村、小竹村、上座村、井野村、井野町、上志津村、下志津村、そして内黒田飛び地の字今宿が合併し、成立しました。

碑にはそのことや、総計戸数が五四六戸、人口が二九三二人であったこと、などが事細かく書かれています。しかし、漢文なので私のようなその素養のないものにはよく読めません。詳しくは『佐倉市史研究』第六号をご覧ください。漢文に詳しく、漢詩を作られる八重尾等氏がこれを紹介し、読み下し文を書いてくださっています。

志津村記念碑再興物語

そして、この記念碑に関して重要なことは、この記念碑がここ志津小学校正門に移設されたそのいきさつです。

このへんの事情を前記の八重尾氏が同じ『佐倉市史研究』に報告してくださっていますので、ご紹介します。

この二基は、元は旧村役場に建てられていました。村役場は、成田街道(国道二九六号線)沿い、今の岩井酒店付近にありました。記念碑も元はそこ(村役場)に建てられていたのです。

同じ場所に志津小学校がありました。昭和四一年、小学校は現在の場所に移転されました。碑はその時小学校の敷地に運ばれ、裏門の内側に置かれたのですが、以後二〇数年、人々に忘れられ、風塵にさらされ、放置されたままになっていました。

これを石造物探求家の木村雅夫氏が発見しました。木村さんは、当時あった「志津風土記を作る会」で皆に話をしました。そこで皆で「志津小学校を訪れ丹念に一字一字をなぞり、その通釈を施し…市文化財保護協会へ…善処方の請願書を提出した」とのことです。「市当局では早速とり上げられ昭和六〇年一二月二六日、見事に再興された」—八重尾さんは以上のようないきさつをご披露してくださっています。

今、これが何の碑で、どんな意味があってこの場所にあるのか、ここを通る人のどれだけの方が、あるいはここにこんな碑があること自体をどれだけの方が、ご存知だったでしょうか。

木村さん、八重尾さんをはじめ、再興に尽力された郷土史研究の先輩の方々に、敬意を表したいと思います。

12 手繰川《たぐりがわ》・手繰橋《たぐりばし》

上座・矢口、小竹・手繰
京成電車「ユーカリが丘」北口東一・九キロ

手繰川は、志津地区と臼井地区の間を流れて印旛沼に注ぐ川です。延長は、九・五キロメートルです。

水源は四街道市中央付近の市街地(現在)で、水源付近に四街道第一浄水場があります。佐倉市にかけての中流部はゆるやかな河岸段丘が形成されていて、下流部になると田地があります。

途中、畔田沢、下志津沢が合流、印旛沼間近で小竹川が合流します。京成本線の軌道あたりまでが「上手繰川」で、あとが「手繰川」です。

◈手繰橋

手繰橋は、佐倉道がこの川を渡る場所に架けられた橋です。

佐倉道は、大和田宿から井野を経てこの川を渡り臼井の台地に登るわけですが、この辺りは低地のぬかるみの道で、昔は、旅人には難所だったようです。

橋が架けられていなかった時代、両岸に跨る綱を手繰りながら舟で川を渡ったという伝承があり、それが地名になったと考えられています。

明治四年に書かれた佐倉新町・三峰講の『三峯山道中記図絵』に、

「台町を過ぎ坂を下り堤にかかる。たぐりばしといふ橋有此所に壱軒の水茶や有此所で。

くり返す賎のおたまきたくり橋　世渡る道もあれハこそあれ　おり登る旅人ハたこのたくり橋　わたりつきせぬ御代の玉緒」と、詠んだとあります。そして「夫より上座新田村両側百姓家少々つつ有」と、道中記は続くのですが。

手繰川の役割を巡って

手繰川を巡って、昔は舟運が重要な交通路だったので、この川の役割も大切であったただろう、と考えらます。

下志津で手繰川に張り出す台地の先に上峠城址が

Ⅰ先崎
Ⅱ青菅
Ⅲ小竹
Ⅳ上座
Ⅴ井野
Ⅵ上志津…
Ⅶ下志津…

あります。土塁や空掘が確認されているのですが、誰がいて、どういう城であったか、ということは分っていません。そこで、城というよりは単なる砦だったのではなど、いろいろ言われているのですが、臼井城に通じる川なので、舟運を見張る役目があったのではないか、と考えられます。

こうしたことから、臼井城に通じる南北交通のこの川の役割を想像してみるのも、楽しいものですね。

13

手繰不動尊（旧林性寺《りんしょうじ》跡）

上座・安土

京成電車「ユーカリが丘」北口東一・八キロ

志津から臼井へ、成田街道が大きく弧を描きながら坂を下り手繰川・手繰橋を渡る、その手前右手にこの不動堂があります。昔は明治四二年と書かれた御簾が掛けられていました。

お堂の西方に祠があり、安産子育地蔵が祀られています。子どもを抱いている高さ七〇センチ立像のお地蔵様です。

そしてその左側、境内の西南隅に一四基の馬頭観世音が三列縦隊で祀られています。（94頁）

なお、この場所は林性寺跡です。明治初年の廃仏毀釈・一村一寺により廃寺となりました。現在は宝樹院の管理地です。

コラム

林性寺の謎

井野の梵天塚のたもとに卵塔がありました。今はないのですがつい最近まであったあの卵塔に関してから話を始めます。

あの卵塔は「上座村林性寺住」職のお墓ですが、「生所」が「井野村」と刻んであります。そこでここに移されたのだろう、と考えられていました。本稿はそこに刻まれている「林性寺」という寺についての話です。聞き慣れない寺名です。今はそういう名称の寺はないので、いったいどこにあったのでしょうか。

佐倉地名研究会が平成二二年に出版した『多輪免喜』第

五号の「上座」の「安土」の項に「台地の麓には輪正寺跡と不動堂があります」とあります。寺は手繰不動尊のこの場所にあった、というのですが、名称は「輪正寺」となっています。そういえば平成二〇年七月に同会が主催した「上座を訪ねる」のテキストにも「輪正寺」、「輪正寺跡」と記述されています。

ところで志津歴史同好会が平成一七年に出版した『志津のこころ』には井野梵天塚脇の墓石について「これは林性（?）寺（上座にあった寺は輪性寺、林勝寺、林正寺と一つであるが三つの名前がいろいろ残っている）の僧侶の墓であるが、井野村の出身であったので、この場所に移されたとの説もあり」とあります。

六崎十善講の札所一覧には「上座　宝樹院」の次に「上座　林勝寺」とあります。

実は、『多輪免喜』の記述について取手市在住の読者の方から「出典を知りたい」という照会があり、地名研究会の会合で議論、なにか手掛かりはないか、改めて現地に見に行くなどして検討が加えられました。その際、あの場所は広くないので寺があったとは考えられない、別の場所ではないか、という疑問さえ出されました。

はたして井野梵天塚脇の僧侶のお墓に刻まれた「上座村林性寺」とは？　場所は手繰不動尊のところでよいのか、謎は深まるばかりでした。

＊　＊

平成二五年七月二日、上座の宝樹院にお伺いした時、住職の加藤泰祐様にお聞きしました。手繰不動尊の敷地は宝樹院さんの所有です。

「名称は「林性寺」です。過去帳にもそうあります。明治初年の廃仏毀釈・一村一寺により廃寺となりました。場所はあの場所です。現在の上座公園から国道二九六号線に出るあの坂道は昔はありませんでした。昔は、今の上座公園前から、安土の台地の裾周りに、田圃沿いに、手繰橋に行く道がありました。林性寺へはその道から登る石段がありました。」（お話の要旨）

現在の国道二九六号線は新しい道で、昔はなかったそうです。ですから現在の道路部分も境内であったことが想像されます。昔の成田道は手繰橋から現在の上座公園、又は上座の本村の方を通り抜けていたそうです。

ご住職のお話はさらに続きます。

「林性寺は江戸に向かう成田山の出開帳の一行の休み処であったという記録がある、という話を聞いております。」

＊　＊

ところで私が旧版で「手繰不動尊」とした呼称は、「手繰不動尊（旧林性寺跡）」と修正しなければなりません。

◇上座手繰の馬頭観世音群

元は上座本村入口にありました。ユーカリが丘駅周辺の開発に伴いこの場所に移されました。

まん中奥の一基だけが仏像塔で、ほかの一三基はすべて文字塔です。仏像塔は舟形浮彫りで、頭に馬頭を抱いた高さ五二《センチ》の一面六臂の馬頭観世音です。右側に「□□元丁辰十月廿　日」、左側に「上座講中」と刻んでありますが、年号の部分は石が欠け、不詳です。

文字塔は、小さいものは高さが二一《センチ》のものから大きいのは高さが七九《センチ》のものまで大小さまざまですが、いずれも正面に楷書で「馬頭観世音」と刻み、造立年月日や施主などの名が刻まれています。

一番古いのは一番奥の右端、安政五年（一八五八）のものですが、あとは明治、大正、昭和期のものです。

一番大きいのはその左端で、高さは台石ともで一《メートル》、幅、奥行ともに三三《センチ》、明治四二年のものです。

正面真ん中の上部には馬首が陽刻され、その下に「馬頭観世音」と大書されています。

右側面には「北より東生ヶ谷道□□道」とあります。この場所に移される前には道標を兼ねていたのです。

そのほか注目したいのは縦横列のまん中のものです。正面の右と左に「明治四十四年二月九日死亡」「大正十一年八月八日死亡」と死亡年月日が彫られています。供養した方は運送業でも営んでいたのでしょうか。愛馬の死を悼む気持がよく表れています。馬頭観音の人との関係や役割を具体的に示す資料といってよいでしょう。

14

皇産霊《みむすび》神社と上座の出羽三山塚

上座・上ノ田
京成電車「ユーカリが丘」東一・八《キロ》

成田街道、小竹への分岐となる三叉路の南側にあります。

高さ二《メートル》余りの鳥居があり、「皇産霊神社」と書かれた高さ台石とも一五〇《センチ》、幅一《メートル》、厚さ七《センチ》の石碑が祀られています。これがご神体で、祭神は皇産霊命（みむすびのみこと）です。

敷地は幅七・二《メートル》、奥行四・四《メートル》、高さ一・一《メートル》の台形になっており、神社と出羽三山塚にもなっています。

平成一二年、この本の旧版を出した頃はこの位置からやや東にあり、社叢になっており神社は西向きでした。道路の拡張整備に伴い移動しました。

◇出羽三山塚

一番古いものは文久二年（一八六二）のもの❶で、高さは台石ともで九〇センチ、いちばん新しいものは平成一七年に建てられたもので高さは一七一センチ（台石とも二一〇センチ）、幅六七センチ、厚さ一三センチの立派なものです。

注目されるのは昭和二六年のもので、裏に「昭和廿六年七月十六日参拝記念講話記念八月八日建志津村同行三十八名」とあり、その名が刻まれています。

❶

15 縁結《えんむすび》神社

上座・上ノ田
京成電車「ユーカリが丘」北東一キロ

成田街道の道筋に「縁結神社」という立派な神社が祀られています。昔からあった神社ではなく、個人でお建てになられたものですが、立地条件がよく、史跡散歩のグループなども必ず立ち寄って参拝しています。

所有者・誂子（あつらご）ミヨ子様にお聞きしました。

「ご主人の徳榮様は岩手県のご出身で東京で家具職人をしていました。昭和三九年、オリンピックの年に、奥様の実家のある上座に越してきました。

ここに石碑が祀られていました。家を建てるにあたり、まず祠を建ててこの石碑をお祀りし、縁結神社としました。そして家を建てました。

その時建てた神社は木製でしたので老朽化、平成一六年に現在のものに建て替えました。」

私が志津へ来た昭和四一年頃、志津の駅前に縁結家具店がありました。志津駅周辺に分譲地が造成され人々がやってくる時代、人々は家具をここで買いました。というわけで家具屋さんは大繁盛し、私もよく覚えているわけですが、あの縁結家具店さんが縁結神社の持主だったのです。

16

志津村道路元標《どうろげんぴょう》 ❶

上座・六所
京成電車「ユーカリが丘」北東八百《メートル》

岩井酒店さん前、成田街道の志津小学校へ入る角にあります。

大正一一年、道路元標に関する件（内務省令第二〇号）により設置されました。大きさは、高さ六〇《センチ》、縦横二五《センチ》と規定されていました。村役場の前あるいは主要な道路の交差点に置かれることになっていました。

上座の場合は志津村役場前に設置されました。志津村役場は、明治二三年から昭和二九年まで、道向かいにありました。

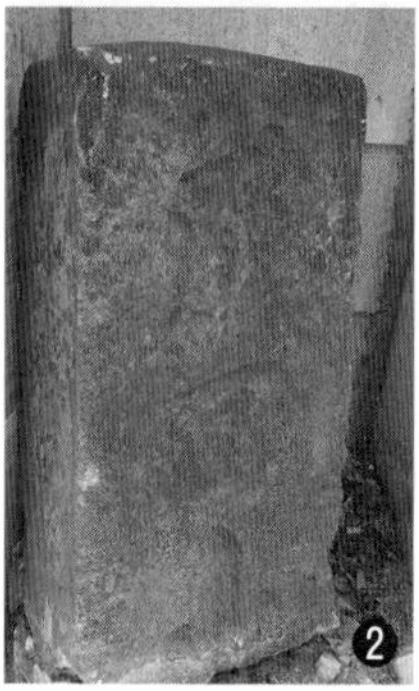

17

上座の成田山道標 ❷

上座一一三七
京成電車「ユーカリが丘」北口東五百《メートル》

むかし、高田屋の大モミジを見るために出入りした場所、コンビニ前の成田街道の歩道にこの道標があります。高さ一一二《センチ》、幅二七《センチ》、奥行一八《センチ》の大きな道標です。

正面に「成田山」、右面に「臼井迄廿八丁□上座新田」、左面に「大和田迄壱里□□上座新田」とあります。□□とした欠字の部分は道標がこの部分で折れたため、セメントで補修し、分からなくなっています。造立年月は裏に「明治弐拾七年甲午五月吉日雪書」と彫られています。成田詣でこの街道を行き交う人々がこの道標を見て、あと臼井まで廿八丁、大和田まで壱里、と励まされたことでしょう。

＊　＊

なお、平成二一年三月一一日の東日本大震災で、道標は再びふたつに折れてしまいました。その後、折れた上部は横に並べたままですが、無くなりはしないかと心配です。折りしも近年、佐倉道、成田道を歩くイベントが盛んに行なわれていますが、その大事な道標です。大切に修復保存していただきたいものです。

造立年代の判明

裏側は塀に接近しているため読めず、この本の初版では不明と書き、どなたかご記憶でしたらと呼び掛けましたところ西志津在住の宮澤照佳様が教えてくださり、二版では明記する事ができました。また、畠山隆様からも、狭い裏側を苦心して撮影した写真をお見せいただきました。感謝しております。

18 高田屋の大モミジ跡〈消失〉

上座・一二三七
京成電車「ユーカリが丘」北口東四百メートル

成田街道右側の歩道を東へ、太田様宅のお家の前に立派な石碑が建っています。なんだろう、と近づいてみますと、「高田屋の大モミジ跡」とあります。ここ太田様宅のお庭には大きなモミジがあり、千葉県の天然記念物に指定されていたのです。

家伝によりますと、五代前の初代の頃すでに巨木だったそうで、樹齢は不明でしたが、幹周は三・二五メートル、根回り一〇メートル、樹高一二メートルあり樹勢旺盛、昭和二七年一一月七日、千葉県の天然記念物に指定されました。成田街道の名木として江戸時代から現代まで道行く人々に親しまれてきましたが昭和五〇年になって樹勢衰え枯死、昭和五五年一二月二日、指定が解除されました。

成田山参詣の観光バスが、立ち寄っていたそうです―ご当主・太田様の述懐です。

なくなってしまったものは今の私たちと関係ないのでしょうか。否、一枚の石碑から、成田街道の往時が想像される、これだけの情報が得られるのです。

19 浅間《せんげん》神社

上座・鍬ノ作
京成電車「ユーカリが丘」北口東八百メートル

京成電車の線路を真下に見下ろす、上座台地の南へりに祀られています。駅南の上座入口から約六百メートル、右へ下志津に向かう道を下ります。鉄道架橋の

手前左に神社へ登る石段があります。

登ると、神社の入口に石碑があり「小御嶽石尊大権現」とあります。「大天狗」「小天狗」「慶應三丁卯(一八六七)九月」とあります。

まっすぐ進むと、祠に「仙元大菩薩」の碑が祀られています。仙元大菩薩とは、富士山を菩薩として崇めた称号です。明治五年の造立です。南は眼下の谷地の対岸に下志津・神楽場遺跡のある台地を望み、北に上座の集落を望みます。

数年前までは祠の脇から、道はありませんが地続きで、ここから集落に出入りすることが出来ましたが、今は住宅地造成で神社の北へりが切り立ちましたので、石段を回避することが出来なくなりました。なお、北下では住宅地造成の折におびただしく貝殻が出土していました。

◀この石段を登ります。

20 上座新田《しんでん》の馬頭観世音

上座五五八―三二脇

京成電車「ユーカリが丘」駅西二百メートル

ユーカリが丘駅北口から成田街道を西へ二百メートル、「しまむら」の先で線路側に入ると、踏切の手前にあります。

左側は文字塔で、明治一六年の造立です。高さは台石ともで九〇センチあります。右側のものは刻像塔で、高さは四八センチですが、風化して像容は分からなくなっています。

馬頭観音は、路傍の石仏として、地蔵、庚申とともに一般に親しまれてきました。他の観音は慈悲像ですが、この観音は忿怒相で、頭上に馬頭を戴き、胸前で明王馬口印（両人差指の先端をあわせる印）を結ぶのが特徴です。

石仏としては古く平安朝まで遡ることが出来ますが、一般的に造立されるのは江戸中期以降で、運送馬や農耕馬の普及とともに造立されるようになりました。ことに江戸後期からは「馬頭観音」と刻む文字塔が多く造られるようになりました。

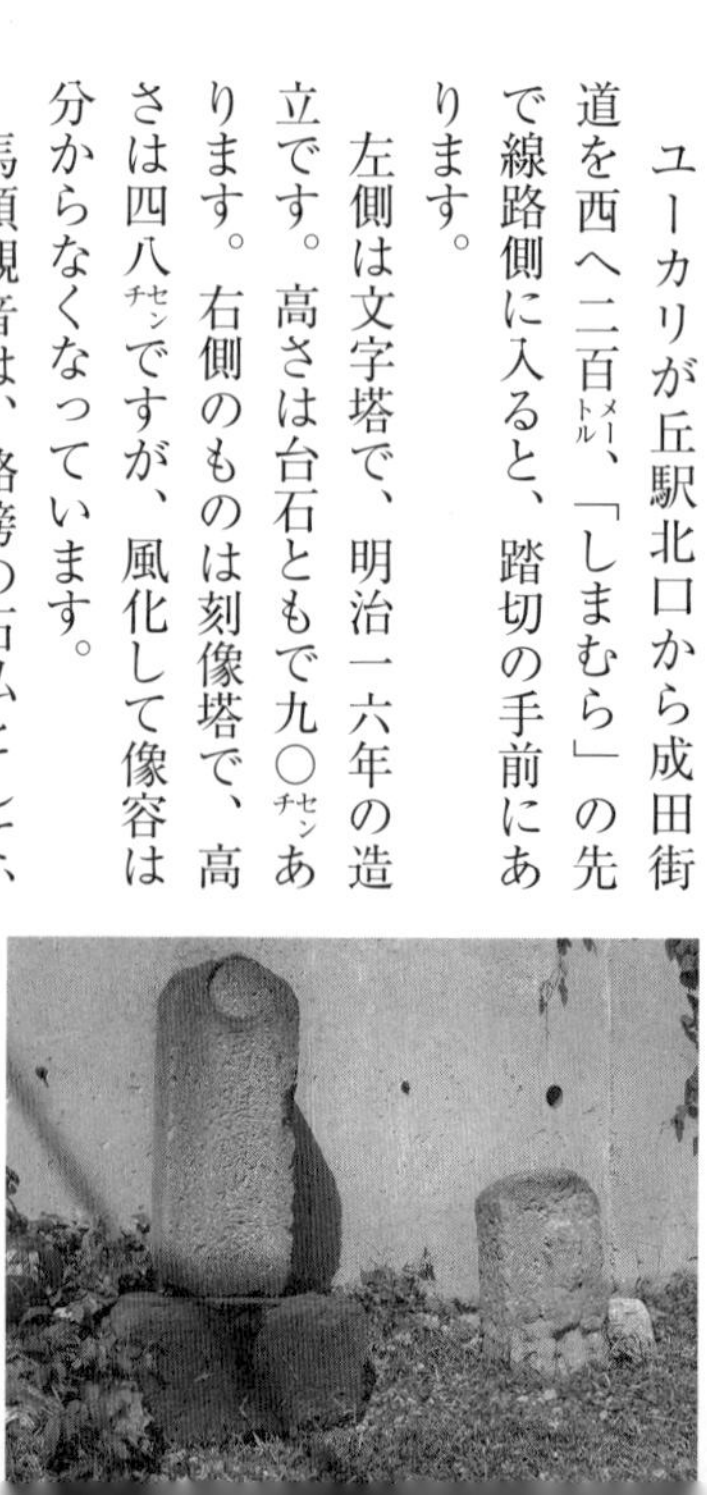

■古刹千手院を訪ねる
■成田街道沿いに歩く②
■新しい町、ユーカリが丘ひとめぐり

井　野《いの》

井野町／宮ノ台／ユーカリが丘／南ユーカリが丘／西ユーカリが丘

▲先手院にて

井野は真言宗豊山派・千手院の村です。寺はもと臼井にありました。明徳3年(1392)澄秀という僧が寺を井野に移し、寺号を千手院と改めましたが、移転の際、臼井氏の家臣高胤は井野全村を寺に与えたといわれています。

寛文期(1661～73)と推定される国絵図に村名がみえます。元禄13年(1700)頃の下総国各村級分で佐倉藩領です。

井野の本集落では、年中行事として名高い「井野の辻切り」をはじめ、さまざまな民俗行事が生活に根づいて大切に守られています。

井野町はもとは井野新田という原野でしたが、佐倉藩が武士の屋敷地にするために開きました。

ユーカリが丘、宮ノ台、南ユーカリが丘、西ユーカリが丘は、山万株式会社が開発して生まれた新しい町です。

井野地区の文化財地図

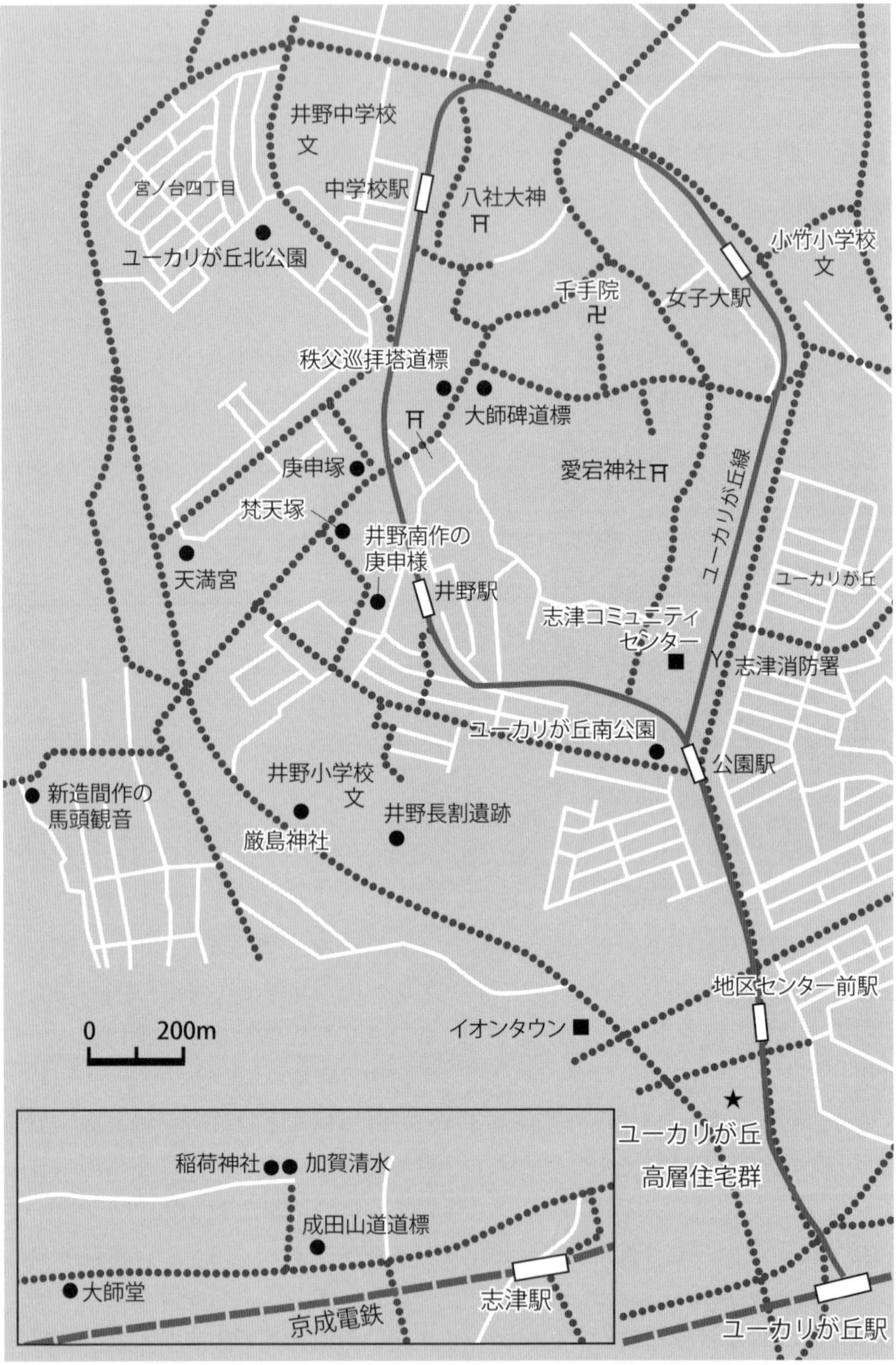
井野中学校
文
宮ノ台四丁目
中学校駅
八社大神
ユーカリが丘北公園
小竹小学校
文
千手院
女子大駅
秩父巡拝塔道標
大師碑道標
愛宕神社
庚申塚
梵天塚
井野南作の
庚申様
ユーカリが丘線
天満宮
井野駅
ユーカリが丘
志津コミュニティ
センター
志津消防署
ユーカリが丘南公園
公園駅
井野小学校
文
新造間作の
馬頭観音
井野長割遺跡
厳島神社
地区センター前駅
0
200m
イオンタウン
ユーカリが丘
高層住宅群
稲荷神社
加賀清水
成田山道道標
大師堂
志津駅
京成電鉄
ユーカリが丘駅

■古刹千手院を訪ねる

1 千手院《せんじゅいん》

井野一五二
新交通システム「女子大」西五百メートル

真言宗豊山派で、山号を稲野山と号します。本尊は千手観音です。

創立は天平年間(七二九～七四九)で、もとは臼井の石神にあり、蓮華王院金剛般若寺と称していましたが、明徳三年(一三九二)臼井氏の家臣小竹高胤(70頁参照)が常陸の僧澄秀に命じてこの寺を井野に移し、寺号を千手院と改めました。

遷移の理由は臼井は「兵燹に罹るを憂慮して」とのことで、遷移にあたって高胤は「井野全村の地を守附して大般若布施田とす」(印旛郡誌)とのことです。

明治六年の火災で記録文書類がすべて焼失したため、寺の越し方を明らかにすることができないそうですが、寛政七年(一七九五)の新義真言宗本末帳には、末寺は印旛郡、千葉郡、葛飾郡内に一八ヶ寺、門徒は一三ヶ寺、さらにその末門徒が五四ヶ寺あった、とあります。まさに、この地方の仏教文化普及の一大中心地として栄えたのです。

広い境内には大きな古木などが生い茂り、本堂奥の歴代墓所には、高さが三・二メートルもある享保九年(一七二四)の五輪塔や鐘楼堂のほか、石仏がたくさん祀られています。

寺が所有する仏具・金銅五鈷杵は佐倉市の文化財に指定されています。

◆金銅五鈷杵《こんどうごこしょ》【文化財・市指定】

本堂前左手に佐倉市教育委員会が平成九年二月に建てた文化財案内板があります。市が平成七年八月に指定した、寺が所有する仏具・金銅五鈷杵を説明したものです。密教法具のひとつで、江戸時代末期のもので、「密教法具の古型を知る上で貴重なもの」だそうです。

◀写 小坂義弘氏

開創千三百年祭行なわれる

平成三〇年、千手院は開創千三百年を迎えました。五月六日、記念の大法要が営まれ、秘仏であるご本尊の千手観音さまが六〇年ぶりにご開帳されました。

大法要は、本堂改修落慶法要、ご本尊開帳法要、拓宥僧正晋山式があわせ営まれました。稚児行列もあり、寺は終日賑わいました。秘仏のご本尊は五月末まで公開されました。

お寺さんでは千三百年祭を迎えるにあたり本堂の改修工事を行なったほか、本堂前に弘法大師修学尊像❶、境内に大日堂、六地蔵を建てるなど、装いを新たに千三百年祭を迎えたのでした。

◈鐘楼堂

鐘楼堂の鐘は昭和一八年、太平洋戦で供出したため長らくありませんでしたが、昭和五一年に鋳造し、再興しました。

◈古木・スダジイ

寺の入り口にある古木スダジイ、樹齢は約六百年です。

〈境内の石仏〉

◈地蔵尊 ❷

参道中ほどの右側に高い台座の上にやさしいお顔をしたお地蔵様の坐像が祀られています。

台座の正面に「本願経日毎晨朝入諸定　入諸地蔵□離苦　無物世界度衆生今世後世能引導」「六十六部回

❶

❷

❸

❹

国行者井野村」「宗心慈□建之」、右側面に「千時元文五庚申天（一七四〇）十月廿四日　開眼供養導師千手院卅二世助衆直西　法印快昌同妙感」、左側面に「勧化村方　保品村　神□村　米本村　上高野村　下高野村　先崎村　青菅村　小竹村　上座村　上志津村」と刻んであります。

十九夜塔、二十三夜塔

秩父巡拝塔に続いて参道の左側にずらりと並んでいるのが十九夜塔と二十三夜塔です。そのほとんどが高さが六〇センチから七〇センチ位の舟型浮彫りです。

二十三夜塔は、一番奥のもの❸は角形の文字塔で、右側面に「文政一三寅（一八三〇）三月吉日」、台石に「當村若者講中」とあります。

その左は、座って合掌している石仏で、右に「二十三夜尊」、左に「享和二戌（一八〇二）十一月廿三日　當惣若者中」とあります。奥から三番目のものは立ち姿の仏像で、「奉造立二十三夜講」「元禄十二己卯（一六九九）二月十三日」とあります。

十九夜塔は、一番古いのは天明元年（一七八一）のもので、以後、享和、文化、文政、天保、安政、明治、大正、昭和と続き、一番新しいものは昭和四六年のものです。

お像は、享和三年、文化九年、文政一一年、明治三六年のものは如意輪観音ですが、他は殆どが慈母観音です。十九夜塔や秩父巡拝塔は女人講中が建てたものですが、一番奥の二十三夜塔の台座には「當村　若者講中」とあります。

秩父巡拝塔群

境内の参道左側にずらりと並ぶ石塔のうちまずお目にかかるのが秩父巡拝塔です。右手に二基、そして左の列に六基建てられています。明治四一年のものが一番古く、一番新しいものは平成一三年❹です。

子安観音《こやすかんのん》

本堂左に子安観音が祀られています。これは井野本村への入り口付近にあったものですが、平成二四年にこちらに移されました。舟形浮彫りの合掌したお像で、高さは台石ともで九二センチ、本体は六六センチ、幅二九センチ、奥行二一センチです。右側面に「寛政十一未（一七九九）正月吉日」と刻み、台石の四面には願主四〇名の名が刻まれています。

◇廻国塔 ❶

本堂左、霊園前の広場の正面に石仏が並んでいますが、右から二番目の四角い形をした石碑に注目してみましょう。なにやら「東海道十五ヶ国」とか、たくさんの国の名が彫られています。六十六部廻国塔です。

　六十六部とは何でしょうか。志津歴史同好会さんの『志津のこころ』(二十周年記念誌)から引用させていただくことにします。

　「石仏辞典によれば釈迦入滅後、五六億七千万年後、弥勒菩薩がこの世に生れるまで、教典を悪魔外道の手から守るため、国々の霊場に保管しておく目的で、また個人の修行目的で、昔、わが国が六十八ヶ国に分かれていた諸国のうち壱岐、対馬の二国を除く六十六ヶ国を巡って納経したのが、六十六部である。」そして「このように全国を廻ってきたことを示している石塔を回《ママ》国塔という。」

2 井野の大師碑道標 ❷

井野・子ノ神
新交通システム「井野」北東七百《メートル》

井野会館前の三叉路に不思議な石碑が保存されています。

　正面に「弘法大師諸願成就」とありますので、千手院の大師堂に行く道の道標であると考えられています。

　右側に「東　小竹臼井佐倉道」、左側面に「南　井野新田道」、右側面に「北青菅下高野道」とあります。裏面には西のことが書いてあるようですが、摩滅していて読めません。

3 井野の秩父巡拝塔道標 ❸

井野・子ノ神
新交通システム「井野」北東七百《メートル》

千手院に向かう道、子ノ神神社を過ぎて林のトンネルを抜けた左手にあります。

上に横書きで「秩父」とありこれは、秩父三十四観世音を巡拝した記念に建てられたものです。安政六年（一八五九）の造立です。高さは台座ともで一五六センチ。道標を兼ねており、右へ行くと萱田、左へ行くと大和田、とあります。

4 子《ね》の神《かみ》神社

井野・子ノ神
新交通システム「井野」北東六百メートル

志津から井野へ、梵天塚、庚申塚を過ぎて千手院への道が林のトンネルに差し掛かる手前の左側に鳥居が、子の神神社です。社殿の中に小さな本殿が収容されており「小権現」と彫られた高さ三六センチ、奥行き一一センチの石碑が祀られています。

鳥居脇にある常夜塔には嘉永七年（一八五四）、手洗い石には安政四年（一八五七）の銘があります。「ゴンゲン様」と呼ばれる五穀豊穣の神様ですが、「イナリ様」とも呼ばれ、元は稲荷神社でした。

社殿の右三分の一が戸板になって閉じられていますが、「稲荷大明神」が祀られています。安政二年（一八五五）のものです。

「おこもりは四月のネの日に行います。日は決まっていません。その年の当番が決めます。子の神さまのおこもりは十一組が行います。井野には子の神さま、愛宕さま、庚申さまとありますが、それぞれの組で準備します。…いえいえ、四～五十人は集まりますよ。組の者は一世帯から一人は必ず出ます。子の神さまのおこもりは女だけです。会館で行ないます。組（当番）の者は一時に、皆（他の組）は二時に集まって子の神さまへ行ってお参りします。それから会館に帰って食事になります」

畑仕事をしていたご婦人が、鍬を持つ手を休めてお話しくださいました

―「食事にはおいなりさんは必ずでますよ」。

5

井野の梵天塚《ぼんてんづか》

井野一五二
新交通システム「井野」北東四百メートル

井野小学校方面から千手院に向う道の右側に大きな石碑が林立した塚があります。出羽三山塚です。
神聖な山である山形県の月山、羽黒山、湯殿山に登山してお参りしてきた記念に建てた井野の方々の出羽三山参拝記念碑が一五基建てられています。古いものは中央の奥にある二基で、文政三年（一八二〇）と弘化四年（一八四七）で、新しいものは平成一一年のものです。参拝の年代を辿って見ると、一〇年ごとに登山していることが分かります。

私が初めて調査に訪れた頃、脇の広場に精米所がありました。精米に来た方に挨拶しましたら塚の上に登ってきてくださり、いろいろ教えてくださいました。

「これは奥州講といって、出羽三山を参拝した記念碑です。こうして参拝者の名を刻んでいます。まあ、この村で生きてきたあかしみたいなもんですが。…えっ、私ですか。四〇年代に行っています」と言って、碑面をなぞり、「ここに私の名があります」と笑顔で教えてくださいました。

6

愛宕《あたご》神社

井野七六二付近
新交通システム「女子大」西六百メートル

千手院入口前の十字路を西に入ります。道は人家の間を通りぬけて広い畑の中へと続きますが、その先に神社があります。

神社は林の中に広い空間を有し、鳥居、御神燈、そして本殿という配置です。別名は雷神社です。祭神は軻遇突智命（かくつちのみこと）です。火の神、火除せの神様です。

本殿は、間口、奥行ともに三尺です。御神燈は天保一一年（一八四〇）に造立されてい

ます。高さが一一〇センチと小振りですが、素朴で、いいものです。地元の方々に「愛宕さま」と親しまれている神社です。

井野のおこもり

井野では、子の神さま、愛宕さま、庚申さまのおこもりが、今も続けられています。

子の神さまは四月の子の日、愛宕さまは七月二三日、庚申様は一〇月最後、または一一月最初の申の日です。

それぞれその地区（組）が中心になって行ないます。他の地区（組）の者は、お互いに参加するという形です。

7 井野の庚申塚

井野・西谷津
新交通システム「井野」北東五百メートル

梵天塚から東へ少し進んだ左側の塚に庚申塔が五基祀られています。左端、笠付きのものは青面金剛像が彫られていますが、ほかはすべて文字塔です。

入口正面の「庚申塔」の文字の鮮やかなもの❶は万延元年（一八六七）建立で大きさは、高さが台石ともで一三五センチ、幅と奥行はともに四二センチの堂々としたものです。文字塔ですが下部に三猿が描かれています。

笠付きのもの❷は寛政四年（一七九二）に建てられています。刻像は青面金剛、日月、三猿を備えたものです。大きさは高さが台石ともで一六一センチ、幅四六センチ、奥行三六センチです。

うしろの三基は左から順に文政一三年（一八三〇）、天保八年（一八三七）、文政九年（一八二六）のものです。天保八年のものには右面に「当村　石川八郎左ェ門　山崎太郎左ェ門　山崎太兵衛」と造立者の名が刻まれています。

西の塚の庚申塔❸

この塚から畑一枚西にも塚があり、青面金剛像を彫った庚申塔が一基祀られています。元久五年（一七四〇）のもので、大きさは高さが七三センチ、幅四三センチです。

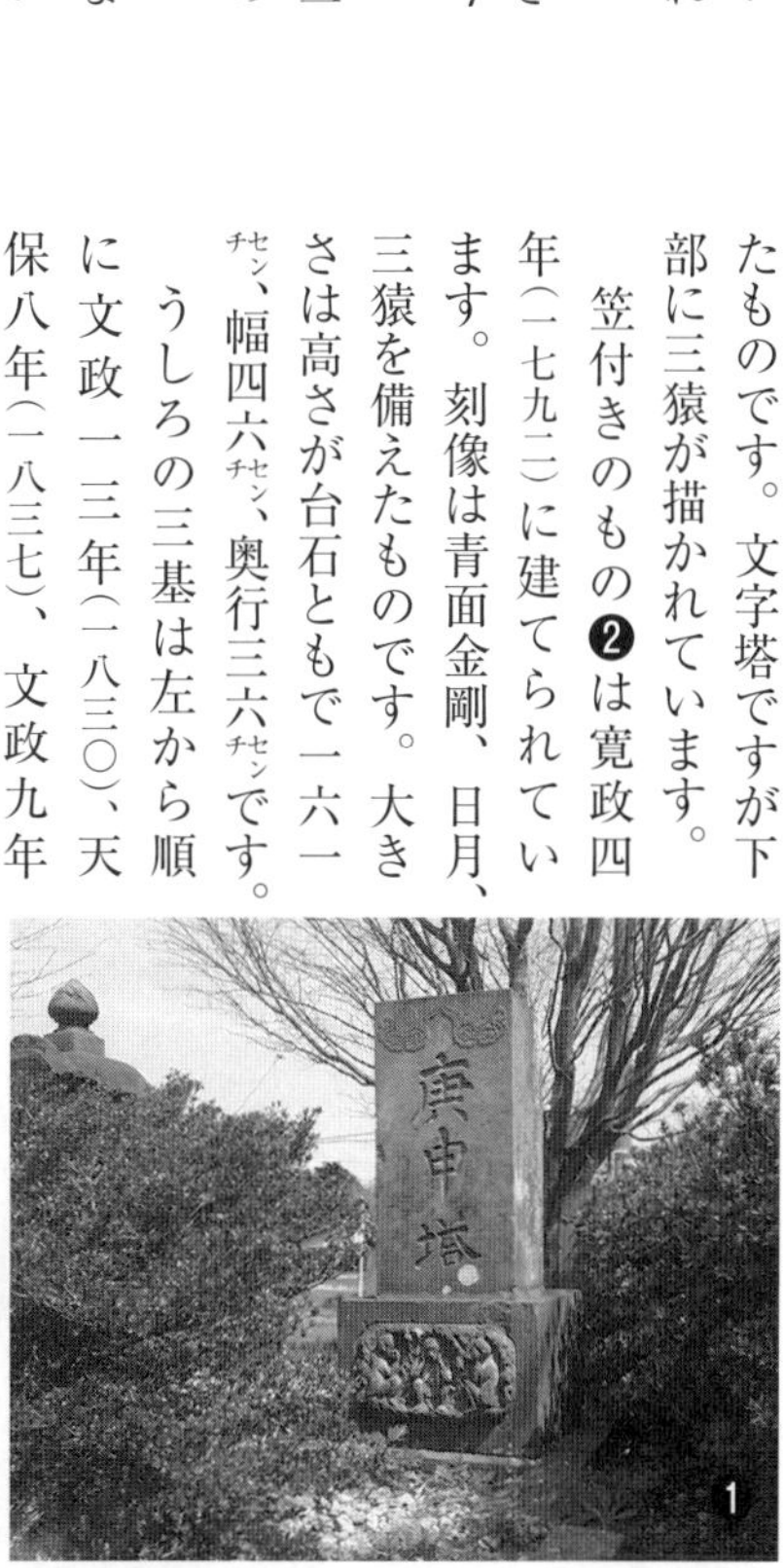

❶

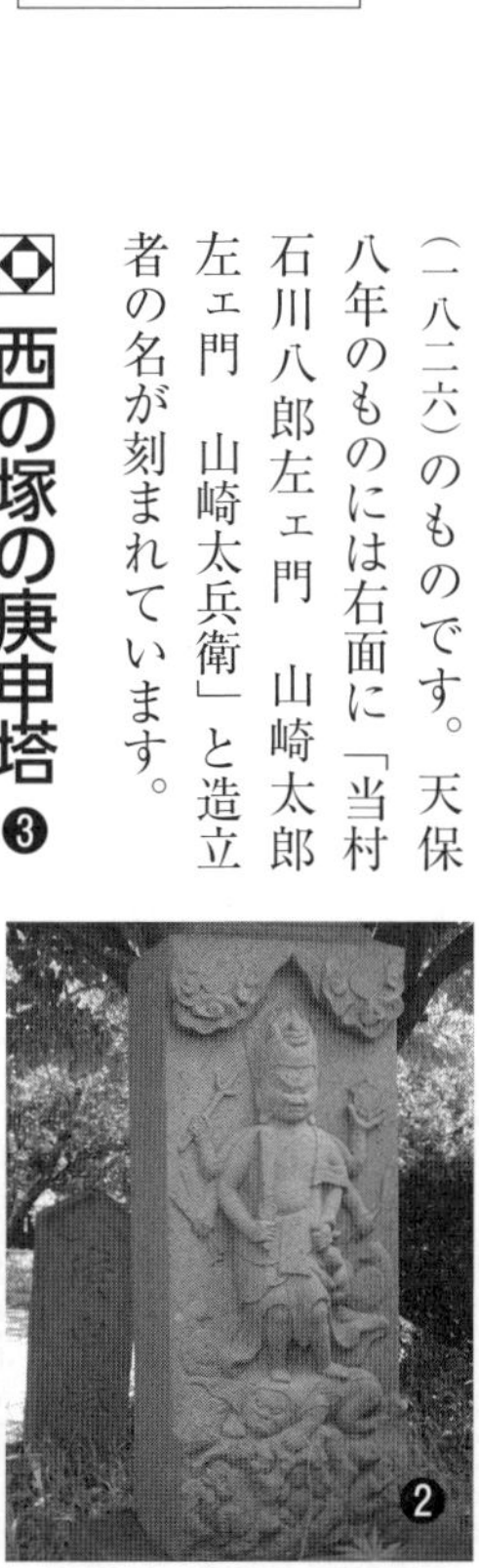
❷

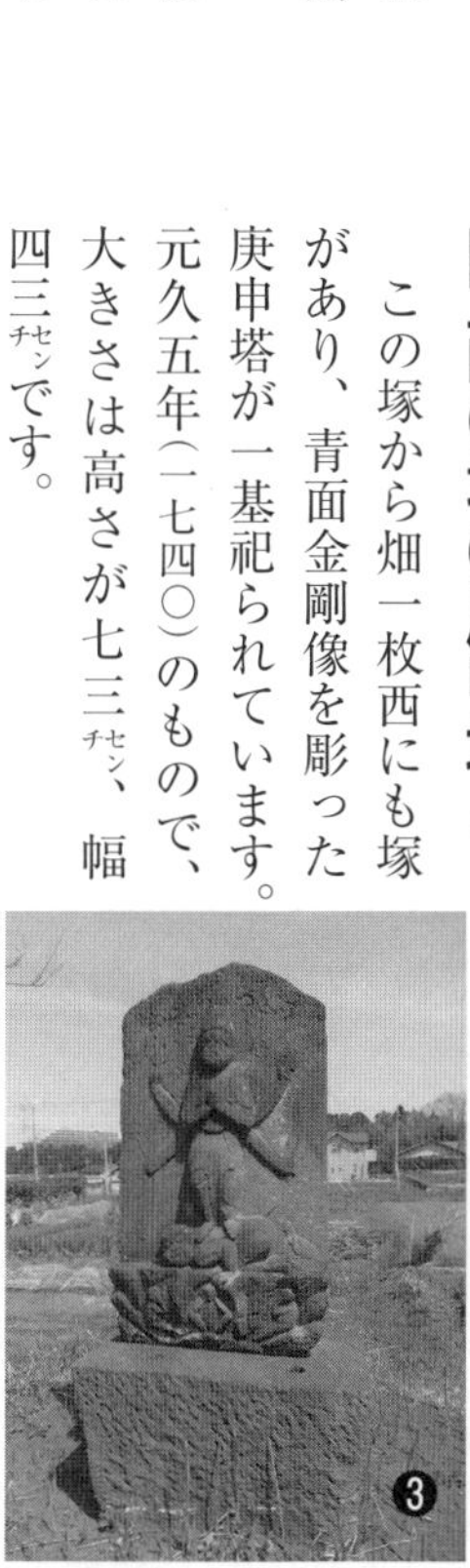
❸

8

井野の辻切《つじぎ》り

井野集落の入口
新交通システム「各駅」

井野の村では昔から「辻切り」という行事が行われています。

一月二五日、村の人々はそれぞれ組で集まって、ワラでオロチ（蛇）を作り村境の木に掛けます。これをツジギリ（辻切り）といいます。悪魔がヨソから入り込まないように、というわけです。悪魔とは疫病、その他災厄のことです。

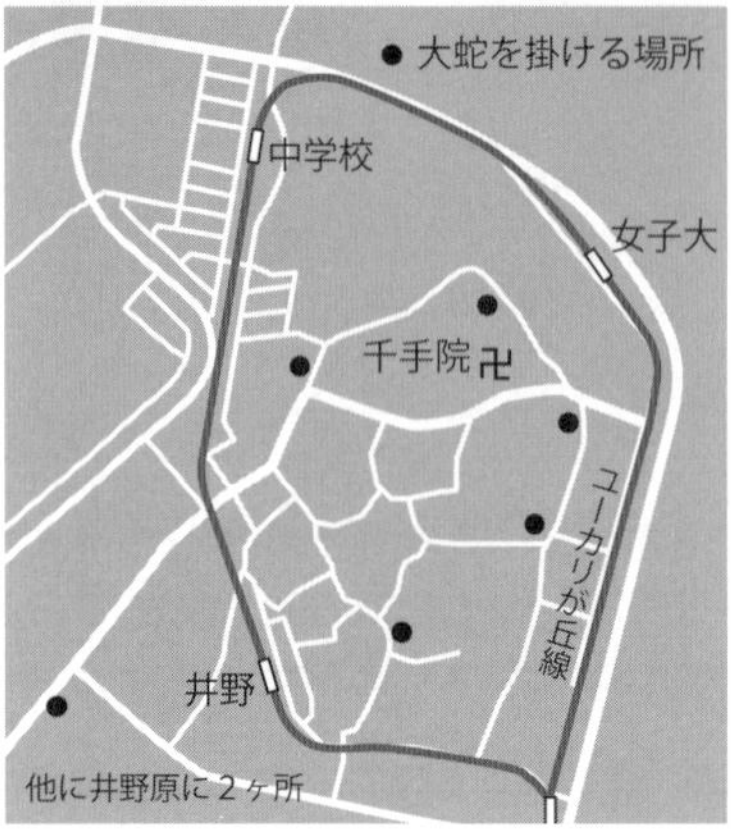

▲井野の入口数箇所、道路脇の高木に架けられています。

ワラでつくるオロチ（蛇）はオーツジ（大辻）とコツジ（小辻）です。オーツジと呼ばれるオロチは集落に出入りする村境の木に掛けます。

オロチ作りは六つ（現在は八つ）のグループに分かれて、それぞれ「ヤドモト」に集まって行ないます。グループ毎に決められた地点にとりつけるオーツジを作るのです。

オーツジの大きさはまちまちですが、三《メートル》とか五《メートル》もあります。頭部と胴体は別々に作り、胴体に頭部を付けます。頭部を作る作業は熟練を要し、胴を撚る作業は数人がかりでの力作業になります。米、麦、ヒエ、アワ、モロコシの五穀を半紙で包んだ球形の目玉を頭部に付け、口の中に赤唐辛子の舌を差し込み、首の近くの背に紙紐で包んだ駄菓子を吊るし、ヒイラギ、シキビの枝と寒神（さえのかみ）の御札を取り付けます。コツジには半紙に包んだ五穀と御札を付けます。

作業が終わると全員が「ヤドモト」の家に入ります。そして飲食をし、オーツジを取り付けに行き、各自が一つずつコツジをもって帰ります。コツジは自分の家に入る前に、門、または門の近くの木に吊るします。これはオーツジの略式で、家屋敷に悪魔が入り込まないようにするためのものです。

オロチを架ける辻切りは県内ではここ井野と、市川市、船橋市等の旧村に伝わる貴重な民俗行事です。
（以上、昭和六一年に記す。）

さくら夢景観「石仏の道」

井野の梵天塚から庚申塔群、そして秩父巡拝塔を経て千手院に向かう道が「石仏の道」として、平成一六年に、佐倉市市制施行五〇周年記念事業「さくら夢景観コンテスト」で「景観賞」（最高賞）を受賞しました。市のコメントは、「井野の地域及び井野梵天塚の歴史を知る上で貴重な資源であるとともに、佐倉市の新たな歴史の発見でもあります。住宅地に隣接する井野の旧村・梵天塚にひっそりと佇むその姿は、その周囲と調和し、長い年月を地域の歴史と共に歩んできた時を感じさせるものであり、佐倉市の歴史的景観・まちづくりを考える上での重要なヒントが隠れているのかもしれません。（以下略）」。

9 八社大神

井野一
新交通システム「中学校」東二百メートル

ユーカリが丘線「中学校」駅の南すぐの山で、駅から二～三分のところにあります。石段を二〇段登ると鳥居があります。祭神は、別雷命《わけいかずちのみこと》、天児屋根命《あめのこやねのみこと》、伊弉諾命《いざなぎのみこと》、伊弉再命《いざなみのみこと》、大己貴命《おおなむちのみこと》他四柱です。

『印旛郡誌』によれば「口碑によれば大字井野八社大神は原十二神を合祀せる社なりしが四神を小竹に分祀せるものなりと稱す」とあります。由緒は不詳なので、創立年代は不明です。

しかしながら最近、境内に設置された立派な説明板には大変興味深いことが書いてあります。

八社大神の歴史

およそ五百年前（室町時代後期）の井野周辺は、関東に勢力を築いた桓武平氏の流れをくむ千葉氏の勢力下にあり、印旛沼に面した臼井城を千葉氏の一族である原氏が治めていました。

八社大神が鎮座するこの台地上にも、

▲手洗石（安永８年銘）

▼(左より)疱瘡神、神明宮、八坂神社

▼子安神社

臼井城の支城として築かれたと推定される井野城があったとされ、発掘調査によって城の遺構の一部が確認されていることから、八社大神は城の守護神として創建された可能性があります。

元々は十二柱の神々を祀り十二社大神と称していたとされますが、後に四柱の神々が他村へ分祀され、八社大神となったと伝えられます。

境内には、江戸時代中期の年号が刻まれた石灯籠等が確認されており、古くから地元の人々に崇められてきました。(以下略)

＊　＊

本殿の周囲には見事な彫刻が施されています。

何年か前に当時の志津風土記の会の皆様とご一緒にこの神社の祭礼に参加させていただきましたが、人々に大切に守られている、フィールド抜群の素敵な神社です。

境内には鳥居の左手に、八坂神社、神明宮、疱瘡神が祀られています。左手に子安大明神が祀られています。疱瘡神の石碑は天明八年(一七八八)、子安大明神は宝暦九年(一七五九)に造られています。

また、この森には道祖神社や浅間神社が祀られています。

道祖神社 ❶

八社宮の森右側の山裾にあります。井野の集落から坂を下ってまっすぐ、八社宮の森に突き当たる場所です。立派な鳥居を構えており、祠には文化一二年(一八一五)の石碑が祀られています。

浅間神社 ❷

道祖神社の右、少し離れたところに鳥居があり石段があります。登って行くと山上に石塔五基が祀られています。一つは浅間神社登山記念碑で、昭和一四年に建てたものです。右から二番目の石塔には正面に「御元宮」とあり、右面には嘉永四年(一八五一)の銘があります。

井野城跡

この八社宮の森に井野城があったと伝えられています。

私が地域を調べて歩くようになった頃、一般的には井野城についての認識は希薄でした。八社大神の社の中にある大規模な窪地について、史跡案内の方のお話では、これは相撲場だった(周りの斜面が観覧席?)、とのことでしたのでてっきりそうだとばかりに思っていましたらその後ここが城の主郭だった、ということになり驚きました。郭内が郭外よりも低い、こういう城もある、と。

平成一六年七月二四日、印旛郡市文化財センターが開催した第八回遺跡発表会における学芸員さんのお話によれば、平成一三年五月、井野地区の土地区画整理事業に伴い八社神社の東側の調査をしたそうで「今回の調査区域からは整理箱二五箱分の遺物が出土した」「出土した遺物により一五世紀～一六世紀代に存続した城館跡であると推定される」――とのことでした。それでは井野城には誰がいて、どういう城であったか、詳しい事は分かっていないようですが。

興味深い石碑

八社大神は井野村の鎮守様ですが、昔は青菅村の鎮守様でもありました。そのことを示す石碑が写真のものです。

子安大明神等への上り口左に石碑が二つ建てられています。二つは同じ目的で造られたもので、「元禄十五年壬午年二月日」「奉造立燈籠一基當悉地成就所」と、そこまでは同文ですが、興味深いことに「施主」が一方は「井野村惣氏子」、一方は「青菅村惣氏子」となっています。つまり元禄の頃はこの神社は井野村と青菅村、両方の鎮守だったのです。

青菅村の鎮守様が青菅村の稲荷社になったのは明和四年(一七六七)ですから「元禄一五年から明和四年までの六五年間に何が…と考えながらたたずむと、青菅の歴史の深さをかいま見た思いでした。」と、『志津風土記の会だより』第三号(昭和六二年三月発行)は書いています。

石碑の銘文をよく観察していると面白い発見があります。

10

井野長割《ながわり》遺跡

井野一五二
新交通システム「井野」西四百メートル

【文化財・史跡・国指定】

場所は井野小学校敷地と、隣接の林野です。

井野小学校建設に先立つ昭和四四、四五、四八年に、慶應義塾大学考古学研究室によって発掘調査が行なわれ、縄文後期（堀之内、加曾利B）の住居址三軒などが検出されました。出土遺物には縄文後期（堀之内、加曾利B、安行Ⅰ～Ⅱ）の土器、異型台付土器、土偶、耳栓、打製石斧、軽石製浮子、石刀、石棒、土版、土製円盤などが見られました。この遺跡は、大量の土器が発見されたこと、多くの器種に富み、縄文時代後期の様相を知る上で貴重な資料をもたらしたこと、異型台付土器がでてきたこと等で注目されました。学校建設は予定どおり行なわれましたが、平成一〇年、市は調査を再開しました。

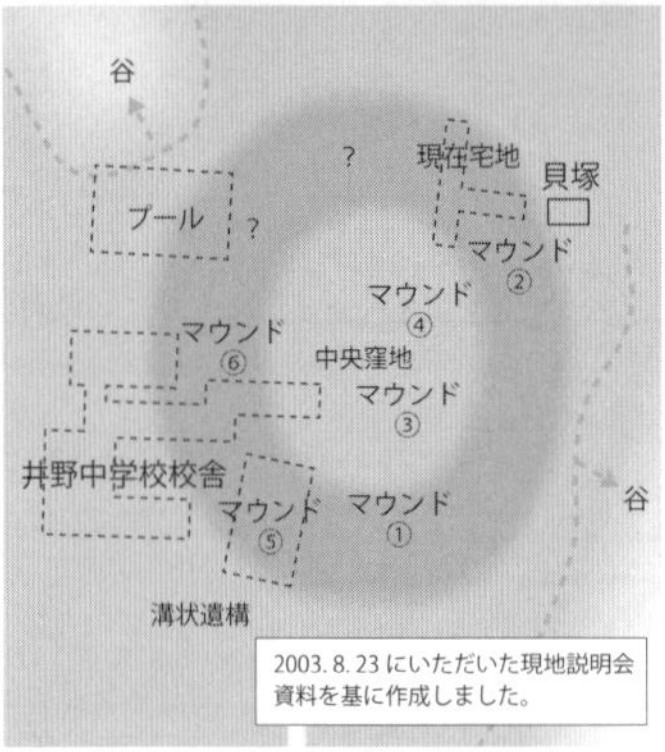

2003. 8. 23 にいただいた現地説明会資料を基に作成しました。

その後の調査は印旛郡市文化財センターによって行なわれ、いろいろな事が明らかになりましたが、特にこの遺跡は七つのマウンドを持つ環状盛土遺構である事が明らかになりました。

貴重な遺跡と評価されて平成一七年三月、国の史跡に指定されました。今はただ、上の写真のような形状を見るだけしかできませんが、史跡の保存と活用について、市では検討を進めています。

◇環状盛土遺構

平成一〇年から数次にわたって毎年継続して行なわれた調査で、市は折にふれ現地説明会を開催しました。私は二回ほど参加しています。二回目のときは学校の敷地内の、校舎と校舎の間が発掘されていました。調査の結果は、印旛郡市文化財センターが毎年行なう遺跡発表会でも何回か（平成一三、一四、一五年）報告されています。

これらの貴重な調査成果について、私はこの本で的確に紹介する力量を持ち合わせていませんので、詳しいことは直接、佐倉市教育委員会や印旛郡市文化財センターの刊行物を紐解いていただきたいと思いますが、環状盛土遺構について言えば、中央のくぼ地を取り囲むようにして、小さな山が七つも築かれているという、縄文人はここに集って、何をしていたのでしょうか。

11
井野南作《みなみさく》の庚申様 ❶

ユーカリが丘七丁目
新交通システム「井野」北三百メートル

井野南作公園の西隣にあります。

「庚申塔」と書いた文字塔が祀られていて側面に「昭和三年七月吉日　願主藤代熊次郎建之」とあります。かたわらに手洗石がありますがこれには「嘉永七甲寅（一八五四）四月吉日」と刻まれています。

一〇月最後の申の日、または一一月最初の申の日に「おこもり」をしています。

12
厳島《いつくしま》神社 ❷

井野・池の作
新交通システム「井野」西四百メートル

井野小学校校庭の北西隣にあります。フェンスに囲まれた一画に大きな木があり、社が祀られています。創立年月は不明ですが、祭神は市杵島姫命（いちきしまひめのみこと）です。

場所は「池の作」という地名ですが、この地名は「井野川支谷の最上流部で、長割に属する部分に溜池があったことからついたようです」と佐倉地名研究会の資料は書いています。

13
井野新造間作《しんぞうまさく》の馬頭観音 ❸

井野・新造間作
京成電車「志津」北二キロメートル

八千代市との市境で、八千代市上高野に至る道路の南側斜面にあります。

舟形、一面八臂、忿怒相の石像で、高さは五五センチ、刻字はありません。常時、お水やお花等が供えられており、地元の方々に大切にされています。小坂義弘氏が発見、佐倉地名研究会の会合でご報告くださいました。

14 団十郎ゆかりの成田山道道標等

井野一四三四
京成電車「志津」北西七百メートル

歌舞伎の名優七代目市川団十郎は熱心な不動尊の信者で、成田へ参詣する際に成田街道を往来していましたので、加賀清水と林屋に立ち寄っていました。

そんな縁で団十郎は成田街道の加賀清水入口の林屋の角に成田道道標を建てました。現在は原位置ではありませんが、ほぼその場所に保存されています。ほかに常夜塔や古帳庵の成田道道標があります。

◇成田山道道標・常夜塔

右端、「成田山道」と大きく書かれた道標❶が団十郎ゆかりの道標です。正面に「成田山道是より北へ半丁清水原中有り」、右面に「天はちち　地はかかさまの清水可那」「天保二辛卯年（一八三一）九月吉日　七代目団十郎　敬白」、左面に「成田山御参詣の御方様　御信心被遊此清水御頂戴被成候御婦人様方御懐胎被成候事」、裏面に「無疑私御利益を蒙り御信心御方様吃度御子孫長久大願成就」とあります。

台石には世話人として「當所　林屋　大和田宿車屋」の字が見えます。大きさは、台石ともで高さ

❷

❹　❸　❶

❶

一四一センチ、幅三三センチ、奥行二七センチです。

道標は林屋の為にはよい宣伝になったようで、その後江戸の豪商などがここに大きな常夜塔や俳句入りの道標を建てており、林屋の繁栄ぶりが偲ばれます。左端❹、上部に「船橋へ四里　成田山五里半」とあり、「春駒やここも小金の原つづ起　古帖女」「立ちとまり立ちとまるかや舞雲雀　古帳庵」―そして両名の名の右に「江戸小網町」とあります。天保一一年（一八四〇）造立。

中央の成田山道道標❸は、正面には「成田山」「信濃講者内岩田長兵衛」、右面には「大和田□里　い乃新田」、左面には「うす井□里　いの新田」とありますが、里程の部分は道標が折れセメント補修が施されていて、分かりません。

この石塔群の中で一番目立つのは高さ三メートルを超える大きな常夜塔❷ですが、文政一〇年（一八二七）のものです。

団十郎の成田山道道標と加賀清水　日本遺産に

平成二八年四月、佐倉市を含む「北総四都市江戸紀行」が「日本遺産」に認定されました。

佐倉市は「城下町」として位置づけられ、構成文化財として「佐倉城址」「佐倉の武家屋敷群」などとともに「佐倉道（成田街道）道標」が選ばれていますが、「井野にある団十郎の成田山道道標」はその代表的なものとして説明されています。なお平成三〇年五月二四日、「加賀清水」が日本遺産に追加認定されました。

15 加賀清水と林屋

井野・加賀清水
京成電車「志津」北西八百メートル

江戸時代に成田参詣で賑わったさくら道の名物のひとつが加賀清水でした。もとは井野清水と呼ばれていたようですが、佐倉藩主大久保《おおくぼ》加賀守忠朝《かがのもりただとも》が江戸参府の折に立ち寄りこの清水を飲んで気に入り、その後必ず立ち寄ったことから、加賀清水と呼ばれるようになりました。

天保の頃、加賀清水への入口に「林屋」という茶屋がありました。加賀清水を使った茶湯を振る舞い、成田街道の名物として評判になりました。

「林屋」の様子は、『三峰山道中記図絵』に描かれています。

「松原をこし井野新田林やという水茶やあり。御贔屓の恵も厚きはやしやと／人にたてられ石の燈篭／左りのかた松ばやしのうちに御家中あまたあり／

新田の松の木蔭に建家ハ／千年の松に友さそふとも」。そして道中記は、大和田へと向かいます。

なお林屋の様子は旧版の表紙に使わせていただいていますが、志津コミュニティセンターの緞帳にも描かれています。

16 井野町の稲荷神社

井野一六一三
京成電車「志津」西八百メートル

加賀清水の隣に祀られています。祭神は倉稲魂命（うかのみたまのみこと）、文化年間（一八〇四～一七）に建てられました。本殿は銅板葺流造で一坪、昭和六二年に新しく建て替えられました。総工費は「壱千三百 六拾一万五千五百円也」とのことです。拝殿は鉄板葺入母屋造りで六坪、境内は二六二坪、例祭日は一〇月一五日です。

境内には鳥居の左手に秩父巡礼供養等が三基、子安観音七基が祀られています。本殿の右手には出羽三山巡拝記念碑が五基、祀られています。

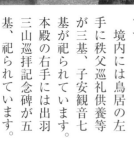

秩父・善光寺・坂東巡礼供養塚

左から順に昭和三九年、一七年、三〇年に建てられました。大きさは高さが台石ともで一三五～一四六センチのものです。

碑には世話人や講員の名が掘り込まれていますのでよく見てみましょう。講元や世話人の一部には男性の名がありますが、他はすべて女性の名ということに気がつくと思いますが、出羽三山は男性の講が登山参拝をするに対して、秩父巡拝は女性の講が巡拝します。

子安観音群

いずれも赤児を抱いた慈母観音で、高さは六〇～七四センチの舟形浮彫りの坐像です。

一番古いものは万延元年（一八六〇）。大きさは高さが台石ともで八八センチ、正面の観音像は風化により解けてしまってその像容は分からなくなっています。ほかは明治二〇年、四二年❶、大正九年❷、昭和四年、三二年❸に建てたものです。

子どもを胸に抱いているもの、膝の上で抱いているものなど様々ですが、特に左端の昭和三二年のものは陽刻が深く、お顔が柱石から一一センチも飛び出しているダイナミックなものです。

❶

❷

❸

◇ 井野町の出羽三山塚

本殿右手の高台に五基祀られています。右から順に昭和一四年、二七年❶、三六年❷、五八年❸、二列目中央が平成五年❹に建てられています。一番新しい平成五年のものは大きさが、高さが台石ともで一六三㌢、碑面の幅は六一㌢あります。

17 井野町の大師堂

井野町六二一―二
京成電車「志津」西一㌔

成田街道、井野町会館の前庭に小さな祠が建っています。井野町の大師堂です。中には着飾った可愛いらしいお大師様が祀られています。

平成二五年五月大師堂は新しく建て替えられました。地域の方々に大切にされています。

▲本殿右手にある出羽三山塚

18 井野町の庚申塔米本《よねもと》道道標

井野一五五九―一脇
京成電車「志津」西二㌔

成田街道、佐倉井野郵便局前の北に入る道、ゴルフ5さんの敷地の角にあります。文字塔で、正面に「庚申塔」、左面に「□米本木下道」、右面に「□□十二年四月　志津村」とあります。□□は下の字の半欠け具合から明治と思われます。下部が地中に埋もれているようですが、高さは七〇センチあります。幅は三〇センチ、奥行きは二四センチです。

一〇年前に調べたノートをたよりに探したのですが、ありました。国道二九六号線の交通はますます激しくなり、沿道にはびっしりと建物が並ぶ変容があり、失われてもおかしくない環境下だったと思いますが、敷地の所有者さんによって大切に守られているようで、嬉しい限りです。

＊　＊

平成二九年九月、本書のための確認調査で訪れましたら、庚申塔の設置場所のたたずまいは以前と何も変わっていませんでした。ほっとしました。そしてそれよりも、大きく堂々としたものであることに改めて気付き、改めて、大切に保存されていくことを願わずにはいられませんでした。

コラム

井野町とは

先崎村、青菅村、小竹村、上座村、井野村、上志津村、下志津村…と江戸時代の志津地域の村名を挙げていると幕末になって突如「井野町」というハイカラな町名が登場します。「井野町」とは？

元は佐倉道沿いの広漠たる原野でした。文久三年（一八六三）幕命により江戸詰めの藩士が江戸から引揚げることになり、その居住地、耕作地として上志津村地内の山林三〇町歩が分与されることになりました。藩士が開墾し、こうして生まれたのが「井野町」です。

明治四年には一～一二三番屋敷に区分され、士族一二四戸が居住していました。

明治二二年、志津村の大字となりました。小字では丸林、西林、大林、北林、庚申前、稲荷前です。

近年まで土塁の一部が残っていましたが、今はもう見られなくなりました。

〈昭和一四年頃の井野町〉　この地図は、佐倉地名研究会発行の『多輪免喜　第五号　志津の地名』や、二〇一二年発行のしづ市民大学研究科『研究紀要ＶＯＬ・８』を参考に、昭和一四年発行の『志津村土地宝典』で確認しました。

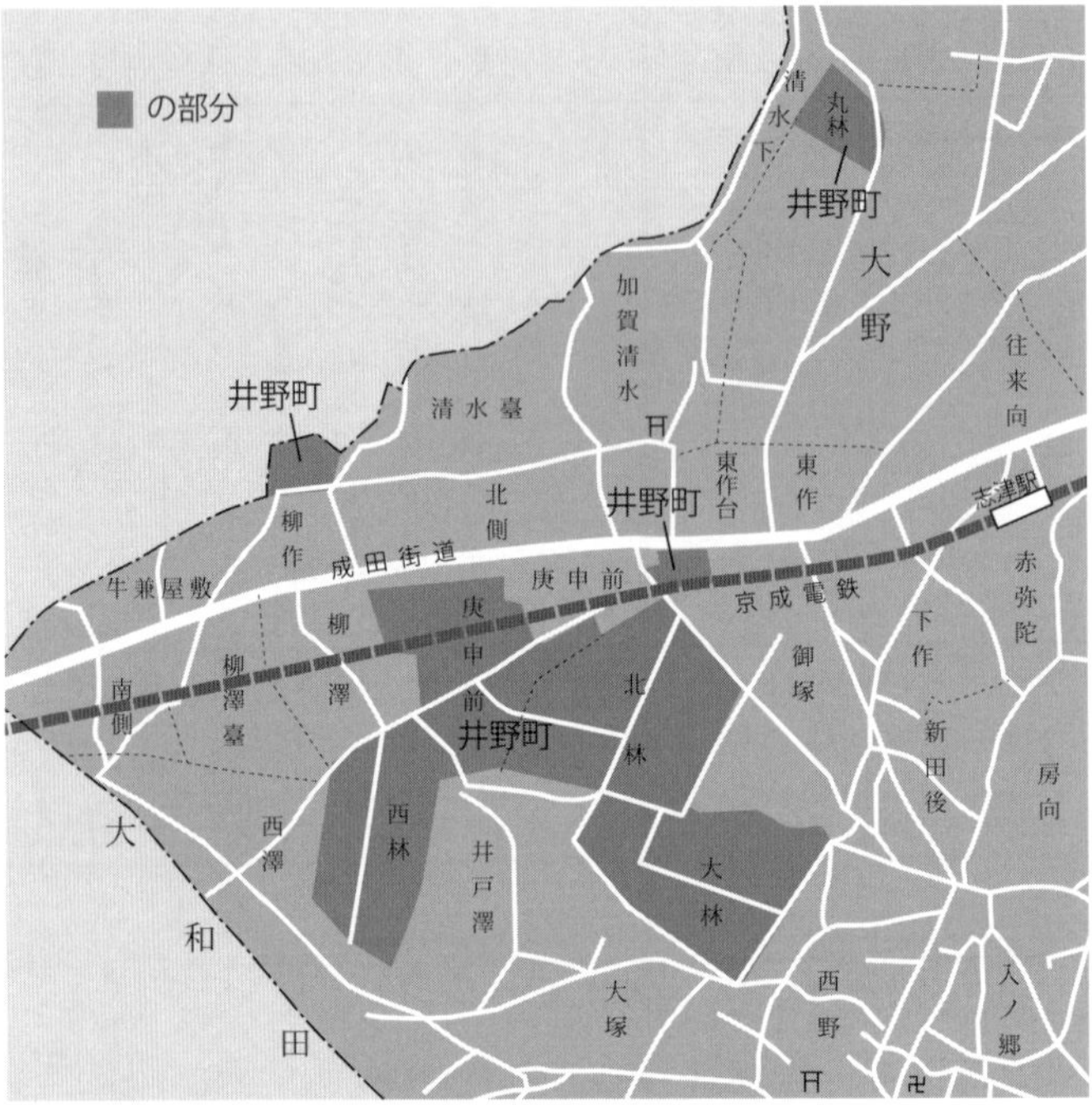

〈現在の井野町〉　昭和五八年の都市地図をみますと井野町のところに「南志津土地区画整理施工中」という表示があります。線路から南の井野町の大部分と、上志津の西地区の部分が開発され、「西志津」に生まれ変わりました。図に示した部分が「井野町」のまま残ったのです。

インターネットで検索しますと、小字・稲荷前が一〇六と一〇七番地、東の部分は小字・北林の一部でしたが五〇、五一番地、中央の大きな島が小字・庚申前で六〇番地から六九番地まで、志津霊園の場所は八三番地、ということのようです。

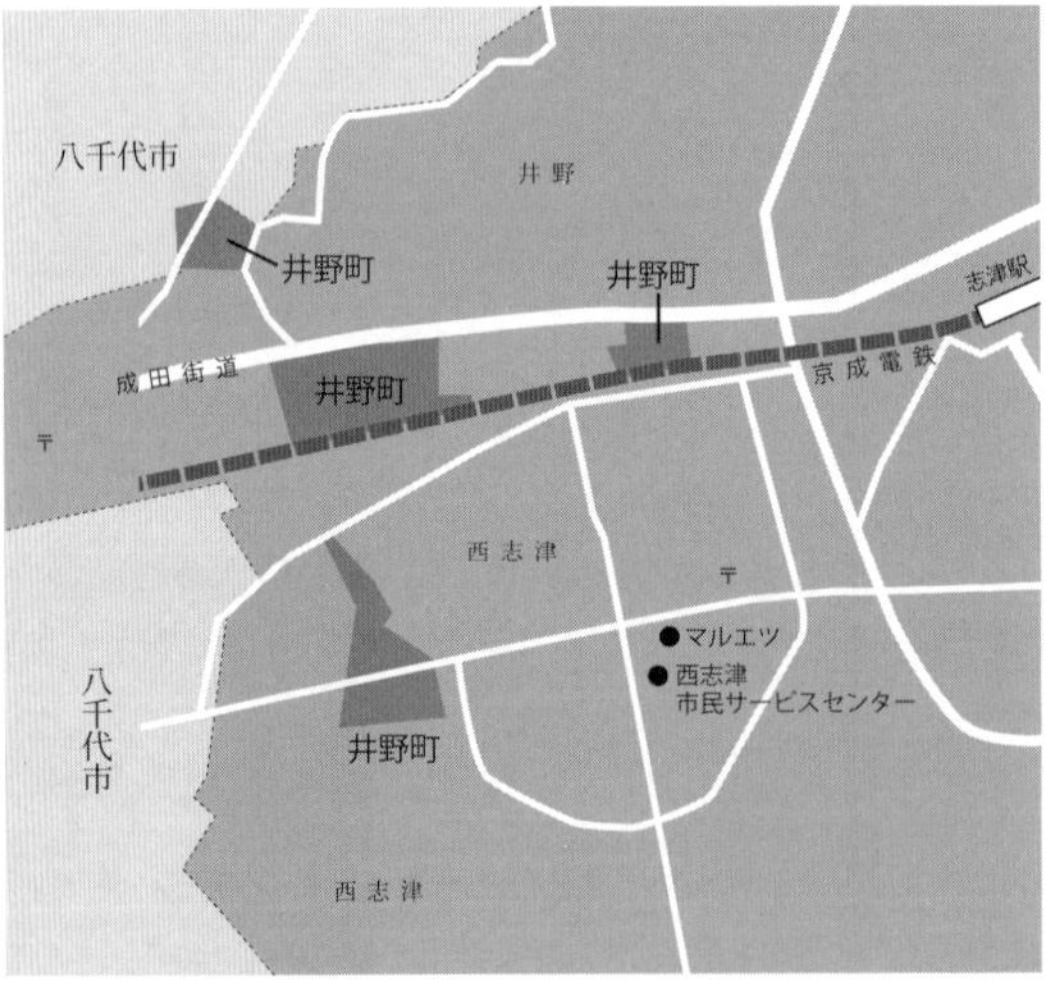

■新しい町、ユーカリが丘ひとめぐり

19 ユーカリが丘

京成電車「ユーカリが丘」
新交通システム「（各駅）」

山万株式会社が、上座、小竹、青菅、井野にわたるおよそ一五〇ヘクタールの広大な土地を開発して生れた新しい都市です。

昭和四六年に着手、昭和五二年七月に着工。計画では五千四百戸、うち中高層は千七百戸、人口約二万人の町が出来る予定で、宅地造成は昭和五九年にほぼ完了、昭和五五年から入居が始まり、その後京成電鉄ユーカリが丘駅の開設、画期的な新交通ユーカリが丘線の開通、人々をあっと驚かせた高層マンションの出現、と開発が進み、現在では京成ユーカリが丘駅とその周辺にはホテルや大規模な商業施設、映画館ができるなど、すっかり近代的な都市になりました。（平成一二年一月記す）

◈よろこび広場のモニュメント

京成ユーカリが丘駅北口のペデストリアンデッキのよろこび広場に、駅前のシンボルとなるモニュメントが造られました。ペデストリアンデッキとは立体遊歩道のことで、平成一〇年一一月に供用が開始され、市内では初めてできたものです。

モニュメントは「歓び」と題され、若い男女がともに手を合わせて進む姿を表したもので、彫刻家の久保浩氏が制作しました。久保氏は日展の審査員を務めている方で「知的で、野生的で、誰からも親しまれるものに、そして、ユーカリが丘にふさわしい、洗練された、上品な作品にしたいと考えました」と語っています。

新交通「ユーカリが丘線」

京成電鉄「ユーカリが丘」駅は昭和五七年一一月一日に開業しました。

新交通システムは、開発されてできた新しい都市・ユーカリが丘を巡り、一周は五・一キロメートルです。昭和五七年一一月二日開業し、翌年九月二二日全線開通しました。

これまで鉄道沿線の大規模団地開発ではバスを巡回させて駅につなぐというのが常識でした。しかしバスという手段はどこでも交通渋滞という問題を抱え、なおかつ排気ガスや騒音、振動等の環境問題を抱えています。そこで山万株式会社ではこれらの問題点を解決し、まったくの新しい環境都市の実現を目指すというコンセプトで、新しい交通システムを敷設するという画期的な手法を採用することにしたのです。

新交通システムは、鉄のレールを走るのではなく、コンクリートの軌道をゴムタイヤがはさんで走ります。ゴムタイヤは粘着力が大きいので登坂、急カーブに優れ、騒音が少ないのが特徴です。

ユーカリが丘線は、山万、熊谷組、日本車輌製造の三社による共同建設で、新交通システムを日本で初めて実用化したもので、画期的な未来交通として、各方面から注目されています。

駅は、「ユーカリが丘」のほかは「地区センター」「公園」「女子大」「中学校」「井野」の五駅です。

車輌はアイボリーホワイトに自然を表したグリーンのストライプ、一見、遊園地の乗り物かと思えるようなかわいらしい車輌の三両編成で、「こあら号」という愛称がつけられています。

なお、この鉄道の仕組みについては『鉄道ファン』平成二六年八月号（交友社）で渡部史絵様が「ようこそＡＧＴへ　山万編　新交通システムのすべて」と題して詳しく書いています。

新しい都市・ユーカリが丘の発展

新しい都市・ユーカリが丘では、「宮ノ台」「ユーカリが丘」「南ユーカリが丘」、「西ユーカリが丘」という新しい町が、開発、区画整理、町名変更・住居表示という段階を経て、次々と誕生していきました。

平成二八年六月、西ユーカリが丘六丁目に「イオンタウンユーカリが丘」がグランドオープンしました。東街区・西街区の二棟、店舗数一四八からなる大規模商業施設で、新しい都市の発展を象徴する施設として誕生、連日賑わっています。

ユーカリが丘地名の由来

（昭和六〇年に佐倉市で開催された全国地名シンポジュウムにおける当時の佐倉市長・菊間健夫氏の記念講演から）「ただ佐倉で少し毛色が違うのは（略）もう一つ、「ユーカリが丘」というのは、最初はユーカリの木の並木をいっぱい植える町にしようという考えで、会社は進めたようですが、ユーカリは寒さに弱くて、並木として成功させることはなかなか難しいということでして、ただ、会社がずうっとユーカリが丘という名で進めてきていましたので、中間で直すわけにもいかなくて、これをそのまま引き継いだということでございます。

しかし佐倉市では、（略）できるだけ古い地名を残そう（略）こういう考えで、町名等をつけております。」

＊　＊

（山万株式会社　平成一〇年九月発行『ユーカリが丘　夢百科』から）「開発に着手した一九七〇年代は、公害による環境破壊が深刻化した時代でした。山万はこの地に公害のない「自然と都市機能が調和した21世紀の新環境都市」を創ろうと決意し、名称についても、そのテーマを象徴するものにしたいと考えました。

そういった中で山万は、殺菌作用や空気の清浄作用があり、環境にやさしい「ユーカリの木」に着目しました。（略）大きく豊かに成長するユーカリの木に願いを込めて、その名をこの町の名前にしました。（略）

現在、駅前ロータリー、公園、学校などタウン内に約二〇本のユーカリの木が鮮やかな緑をひろげています。」

20 ユーカリが丘南公園 ❶❷

ユーカリが丘六丁目
新交通システム「公園」

山万株式会社が開発したユーカリが丘の南部に位置し、新交通ユーカリが丘線の軌道沿いにあります。開設は昭和六〇年三月三一日、総面積は二・一ヘクタール。ほぼ長方形の平坦な近隣公園です。

商業施設に近いことから、買い物客が気軽に立ち寄り、休憩できるように設計した施設設置がされています。石が多く使われており、市内の他の公園に比べ特色のある公園になっています。

広々とした公園で休んでいると、新交通の軌道上に「こあら号」が、森林の緑を背景に音もなく現れる―今まで見たことのない、なんともすてきな空間の出現です。

21

ユーカリが丘北公園 ❸

宮ノ台四丁目
新交通システム「中学校」西三百メートル

山万株式会社が開発したユーカリが丘の北部に位置しています。

開設は昭和五八年三月三一日、総面積は二・一ヘクタール。中学校、住宅地に隣接する近隣公園です。

公園には、アキニレ、ソロ、コブシ、エンジュ、ケヤキ、ヤマモミジ、ムクゲ、キンモクセイ、ツバキ、サザンカなど、二四種類の植物が植栽されています。

22

井野西谷津《にしやつ》公園・天満宮

宮ノ台五丁目
新交通システム「井野」西五百メートル

井野西谷津公園・隣地にあります。

天満宮は、学問の神様・菅原道真をお祀りしたものです。地域の方々に大切に維持管理がされています。

井野西谷津公園は高低差のある、すてきな公園です。

Ⅵ

上志津 かみしづ

西志津／上志津原

■志津城址とその周辺
■戦後開拓された新しい村

▲西福寺にて

上志津は京成志津駅北側の成田街道付近から京成線の南ほぼ全域を下志津と分かつ広いエリアです。

古くは下志津村と一村であったとみられ、慶長19年(1614)の東金御成街道覚帳には志津村とみえます。元禄13年(1700)頃の下総国各村級分では上志津村として記録され、旗本領。翌14年に佐倉藩領になったようです。

本村の天御中主神社は志津城址といわれ、このあたりに古くからの家があり、村の中心でした。

西志津は古くは民間業者、近年では公団が開発した新しい町です。

上志津原は、四街道から志津にかけて広がる陸軍の演習場の一角でしたが戦後開拓者が入植して開いた土地です。

上志津地区の文化財地図

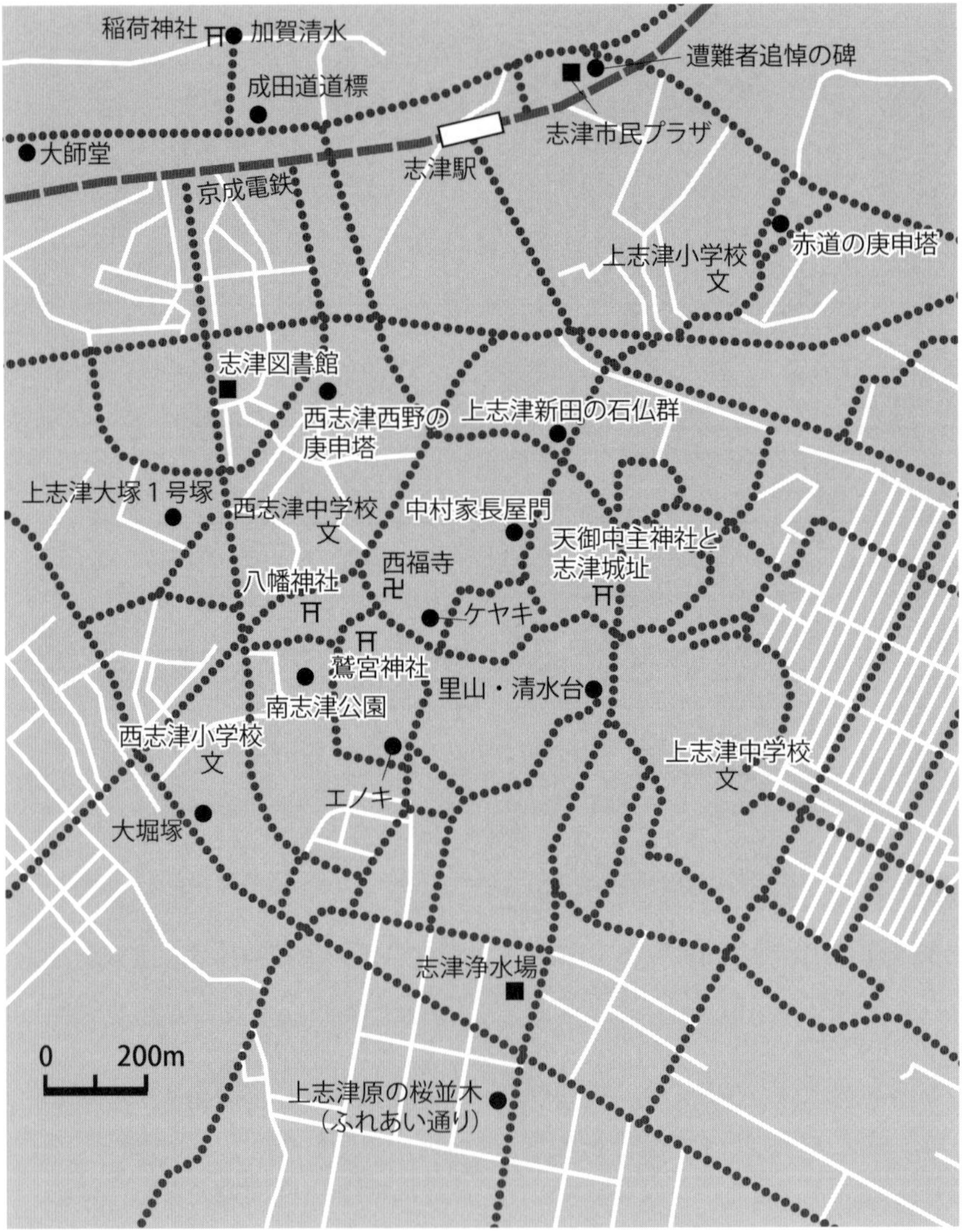

■志津城址とその周辺

1 志津駅

上志津・赤弥陀
京成電車「志津」

京成電鉄の津田沼～酒々井間が開通したのは大正一五年の一二月ですが、志津駅の開設は昭和三年三月一八日でした。

計画では、大和田、志津、臼井と、志津にも駅が出来るはずでしたが遅れました。設置場所を巡って上座と上志津とで争いがあったためです。

このことについては白土貞夫氏が『佐倉市史研究』第一七号(平成一六年刊)に「京成電気軌道志津駅誘致をめぐって」という表題で詳しくお書きになられております。また、『佐倉市史』第四巻にも記事がありますす。詳しいことをお知りになりたい方はそちらの記事をご覧ください。

＊　＊

志津駅の周辺は昔は北側に民家が点在するだけの、のどかなたたずまいでした。「お店は重兵衛さん(蜂谷商店)だけで、駅の南側はすすきっ原で、はったけが採れましたよ」―駅前で商店を営むお年寄りの方のお話です。(取材・平成一〇年)

私が志津へ来るようになった昭和四〇年頃、駅の南側、今の駅前広場のあたりではブルトーザーが山を削り、谷を埋め、盛んに土盛りしていました。

南口駅前は角栄団地(現在の中志津)の建設にともない開発されました。中志津自治会の『三〇周年記念誌』によりますと、志津駅の南口が開設されたのは昭和四三年二月、今の姿の橋上駅になったのは五六年四月です。それ以前は駅舎は北側にありました。北口前から、先崎、井野、四街道行きのバスが発着していました。

昭和三〇年代、志津駅周辺の今昔

当時この辺り(西志津)の風景は見渡す限り一面の松林と畑が続いていました。

勝田台はまだ駅も家も無くて、春には蕨が採れ、ひばりの声がのどかに聞かれました。志津駅周辺は人通りもまばらで、家の数も少なく、お店も数える程しかありませんでした。(『上志津四区町づくり』より)

昭和三年に志津駅が出来た頃は駅前に商店が一軒あっただけで、まわりはみんな原野や森や林でした。

しかし昭和三八年、緑ヶ丘団地が造られる頃から、駅の周辺や成田街道沿いに家が建てられるようになり、角栄団地（四〇年～）日本信販（四二年）東急団地（四八年）コープ野村（四九年）などができ、人口が急増していきました。（『上志津小学校　十五年のあゆみ』から）

2 遭難者追悼の碑 ❶

上志津・赤弥陀
京成電車「志津」東三百メートル

志津駅北口から東へ、公民館等の入った市の施設・志津市民プラザの角地、踏切脇にあります。

昔は踏切や線路での事故が絶えなかったそうで、これを憂えた「志津村志津一六五三」の「東昌吉りよ」さん夫妻が、昭和二八年に建てました。村会議員蜂谷忠氏の助力で志津幸男氏が土地を提供し参議院議員川口為之助氏が題字を揮毫しました。

3 赤道《あかみち》の庚申塔 ❷

上志津・房向台
京成電車「志津」東南一キロ

上志津小学校前の右から東に入る道を赤道といいます。

民家のお宅の敷地に、みざる・きかざる・いわざる、の三猿だけを描いた珍しい庚申塔があります。延宝二年（一六七四）に建てられたもので、市内では古い庚申塔です。地域の方々に大切にされています。

4 上志津新田《しんでん》の庚申塔等石仏群

上志津一六九五
京成電車「志津」南八百メートル

上志津新田、火の見櫓のある上志津消防団駐在所前の旧家・志津家屋敷の角にあります。

石仏を祀るために一画がきちんと確保され、庚申塔一基と二十三夜塔二基、馬頭観音八基が祀られています。

青面金剛《しょうめんこんごう》像庚申塔 ❸

中央の青面金剛像が彫られているのが庚申塔です。

庚申信仰は、六〇日ごとに巡ってくる庚申の夜、人の体にいる三尸（しさん）の虫が、天に昇ってその人の罪過を天帝に告げるため命を縮められる、とする道教の教えに基づくもので、江戸時代には特に盛んでした。庚申の夜は眠らずに言行を慎み、健康長寿を祈念するための講が結ばれ（庚申講）、庚申塔が造立されるようになりました。

この庚申塔は、大きさが、高さが台石ともで一二五㌢、幅三七㌢、奥行き二一㌢で、嘉永六年（一八五三）の造立です。上部に、日・月、中央に青面金剛像、足下には踏みつけられた邪鬼、下部に三猿が彫られています。台座に「当村講中」とあります。庚申塔の形式をよく整えており、保存もよく、貴重なものです。

二十三夜塔 ❹

左から二基は二十三夜塔で、ともに角型の文字塔です。

右側のものは、高さが台石ともで一二二㌢で、正面に「廿三夜徳大勢至菩薩」とあり、右側面に「嘉永六癸丑年（一八五三）十二月吉日」、台座に「當村講中」と刻んであります。

左側のものは、高さが台石ともで一〇〇㌢で、正面真ん中に「廿三夜徳大勢至菩薩」、右に「享保元申年（一七一六）」、左に「十一月吉日」とあります。

馬頭観世音

そのほか八基の馬頭観世音があります。

昔はこの道路沿いが垣根で、この馬頭観世音群は現在の場所から一〇㍍位東の、垣根の切り込みの中に祀られていました。屋敷地の整備にともない現位置に移動しました。

一番古くて、観世音像が陽刻されているのは左から二番目のもので、高さは六八㌢、幅三〇㌢、舟形浮彫りで

❸

❹ ❸ ❺

す。右面に「造立馬頭観音大士」、左面に「明和三戌（一七六六）十月吉日　上志津村中」と刻まれています。

左端のもの（前頁❺）は、高さ六七センチ、幅二七センチの角形塔で、正面上部に馬首を浮彫りにし、下に「馬頭観世音」、左面に「大正二年二月吉日建立」、台座に「運送連」と刻んであります。

後列左端のものは年号銘が欠けていますが、左面に「西井野新田　□臼井　道」右側面に「東四街道南勝田道、と刻んであり、道標を兼ねています。

5 中村家長屋門

上志津一一九五
京成電車「志津」南一キロ

火の見櫓のある上志津消防団駐在所脇の道を南へ、坂を下ったところに立派な長屋門があります。中村家長屋門です。

長屋門は、屋敷表門の一形式で、武家屋敷門の出入り口の両脇に部屋のある事が約束事になっています。江戸時代には身分によって、門構えや長屋門などはやかましく制限されていましたから、長屋門は庶民の家では許されず武士、名主などに限り許されていました。（大塚史学会編『郷土史辞典』参考）

中村家は名を代々中村三郎兵衛と称し、江戸時代には佐倉藩掘田家の配下に属し、道場を開いていました。道場は、長屋門と母屋の間の両側に建てられていました。中村家の屋号は「道場」です。

建築年代は不明ですが、母屋が文政元年（一八一八）の建築（昭和五六年解体修理）なので、同時期と考えられます。構造は、木造平屋建て。大きさは、間口一一五・七メートル、高さは素人では測れませんが、大きく、風格のある造りです。屋根は銅板葺きですが、これは昭和五五年に、茅葺きの上にかぶせたものです。

左右両部屋のうち右側は馬小屋だったそうです。左側の部屋は明治以降、養蚕をやるようになって改造しています。一部後代の手が加わっていますが、江戸時代の原型をよく保っています。

昔は集落の中心地に位置していましたが、今では集落の奥まったところということもあり、地元の方々以外には知

られていませんでしたし、その価値に気付いた人はいませんでしたが、大きさといい、その保存のよさといい、貴重な文化財です。

◇郵便取扱所

ところで、取材当時のことですが、門の出入口左側の柱に一枚の看板が掛けられていました。

よく見ると字が書いてあり「郵便気って売り□(所ヵ)」と読めます。裏には「千葉郵便電信局印」とあります。これで分かったことは、中村家はその昔、上志津地域の郵便取扱所だったということでした。

今ではもう想像もつかないことですが、上志津の地に暮らす人々は、郵便を差し出す時、ここへ来て切手を買い、この長屋門の柱に設置された郵便箱に投函していたのです。

＊　＊

以上の取材は昭和六〇年の上志津原町会の広報紙連載記事のためでしたので、以下の話は中村家と上志津原の関係になりますが、郵便取扱所としてのその使命が、戦後も続いていた事が分かる興味深い話なので、ここに収録します。

「(上志津)原の方はよく来ていましたよ。各地から開拓に入った方たちなので、郵便の利用は地元(上志津)の方より多かったですよ」。

◀ケヤキ
(保存樹、樹齢 600 年。)

6 天御中主《あめのみなかぬし》神社と志津城址【市民文化資産】

上志津九六二
京成電車「志津」南一キロ

介護老人保健施設エクセレント志津わきの道を西へ入るとすぐに鳥居が見えます。

石段を登ると巨木に囲まれた静かな空間に社殿が建っています。その名を天御中主(あめのみなかぬし)神社といいますが、土地の人々はもっぱら「妙見さま」と呼んでいます。

祭神は天御中主、寛永三年（一六二六）の創立です。

例祭日は九月一五日です。

現在の本殿は明治三〇年に建てられたもので、見事な彫刻が施されており、台石には沢山の寄付者のお名前があります。

彫刻は、茨城県稲敷郡柴崎村大字角崎、小林寅次郎の彫によるもので、「来迎雲に翁と姥」などお目出度い題材が彫られています。

❶

❷

❸

❹

〈境内の神々〉

境内には、天満宮❶、蚕神❷、石尊大権現❸、疱瘡大神❸、浅間大神❹が祀られています。石尊様は文化一二年（一八一五）に祀られています。

なお、この神社の境域と周辺が、志津城址といわれています。

＊　＊

上志津の天御主神社と八幡神社の神社と社叢が平成二四年一二月一三日、市民文化資産に選定されました。

志津城物語

これは鎌倉時代から室町時代にかけてのお話です。佐倉城とか佐倉藩とかいうのは江戸時代になってからの話ですが、その前の時代にはこのあたり一帯は臼井城が治めていました。

そして臼井城の周囲には、志津には志津城が、師戸《もろと》には師戸城が、岩戸には岩戸城が、八街の方には用草《もちくさ》城が、というふうに仲間の城があって、臼井城を守っていました。

志津城は臼井城の支城のひとつで、千葉氏一族志津次郎胤氏《たねうじ》の居城でした。

正和三年（一三一四）臼井城主であった兄の祐胤《すけたね》が病死したとき、その子の竹若丸はまだ三歳でした。兄に後事を託された胤氏はしばらくの間は竹若丸の面倒をみていましたが、やがて竹若丸を亡き者にして自分が臼井城の城主になろうと野心をいだきました。

ある日の夜臼井城の座敷で、灯りもつけずになにやらひそひそ話をしているのを竹若丸の乳母・お辰が聞きとがめました。こりゃ大変だ！　とお辰は岩戸城の岩戸五郎胤安《たねやす》に急を告げました。

岩戸五郎胤安は修行僧に化けて臼井城に行き、竹若丸を笈（おい＝旅の道具を入れて背中に背負う箱）に入れて救い出し、鎌倉の建長寺に運び、かくまってもらいました。

こうして竹若丸は助け出されて鎌倉で育ち、やがて立派な若武者に成長しました。

そして足利尊氏の幕下に属して戦功をたて、偉くなり、名を興胤《おきたね》と改め、もうよかろう、君には立派な領地があるのだから、ということで本領を回復、すなわち臼井城に帰ってきました。

志津次郎胤氏は志津城に退去させられました。しかし胤氏はこれが不満で仕方ありません。主従の礼をとらなくなりました。そこでこれを怒った興胤は、臼井城の堀浚え《ほりざらえ》をするからと偽って周囲の支城の兵を臼井に集めました。そして、志津城が手薄になったところで、志津城に兵を差し向けました。

これでは志津城はひとたまりもありません。胤氏はひとり城を出て戦おうとしますが妻君が、あなたは城内で身を清め自刃してください、と言って自ら外に出て、薙刀《なぎなた》をふるって敵兵と戦い、最後は、夫を追って、燃え盛る城館の火中に身を投じて最期をとげた、と伝えられています。

こうして志津城落城時の夫人の武勇伝が、領民に末永く伝えられ、讃えられました。一説には胤氏は農に帰したともいわれこの周辺に志津姓が多いのはその末裔《まつえい》だとも言われています。

＊

お辰の運命やいかに――

竹若丸を救出したお辰はどうなったのでしょうか。追手に追われて印旛沼の葦原に身を隠していましたが、ごほんごほんと咳をしたばかりに見つかってしまい、捕らわれて、殺されてしまいました。

のちの世の人が、「かわいそうなお辰よ」と印旛沼の葦原に祠《ほこら》を建て、供養しました。祠は「咳の神様」と呼ばれ、風邪を引いたらここにお参りすると治ると信仰され、今でも人々に大切にされています。

祠は臼井小学校の北二百《メートル》のところにあります。

コラム　志津城址に城主の骨壺が？

志津城址に城主の骨壺が―今の若い人の言葉を借りるなら、さしずめ「うそー」というところでしょうか。

　私がこのことを知ったのは二年前の夏、ある日何気なしに雑誌『歴史研究』昭和五九年五月号をめくっていましたら、「志津地名考」という論文が目にとまりました。筆者は中志津お住まいの郷土史家・八重尾比斗史氏です。論文の最後に「付記」として骨壺のことが記されていました。私は、ええ！　と驚くと同時に、すぐに現場に行きました。ところが、行ってみたもののいったいどこにあるのやら、神社本殿裏の藪の中を探ってみましたが見つかりません。やたらに蚊に噛まれるばかりです。

　これは八重尾さんにお聞きしてから出直さなくては、と半ばあきらめて社殿前の広場に戻り、あらためて周囲を見回していましたら、ありました。なんと、本殿裏すぐの山の切り下げにほこらがあり、半壊した甕《かめ》が見えるではありませんか！　さすがにもう骨はありませんが、直径約九〇チセンもある大きなもので、なるほど中世（鎌倉～室町期）のものと思われます。

　はたしてこれが、志津城主志津次郎胤氏を埋葬した骨壺なのでしょうか。八重尾さんは、これが城主のものであるとか、らしいと言っているわけではありませんが、甕の制作年代と志津城があった時期が「ほぼ同時期と推定されて興味は一段と深い」と書いています。

　はたしてこの甕の被葬者は誰か。ふたたび土に埋もれてしまいましたが、郷土の歴史のロマンを秘めて、甕は今、私たちの目の前にあります。（昭和六一年取材）

＊　＊

　甕は今、ここにはありません。その後、佐倉市教育委員会が取り出して調査し、保管した、とお聞きしています。

7 いやしの里山・清水台

上志津・清水台
京成「志津」南一キロメートル

老人保健施設エクセレント志津南脇の清水台入口に写真の標石があります。

この里山は印旛沼に注ぐ水源のひとつで、湧き水の涵養域となっており、他の湧き水とともに沼の水質浄化に大きな役割を果たしています。

エクセレントの敷地の南西角の奥の山裾から清水がこんこんと湧いていますが、道がなく、残念ながら近寄れません。

8 小沢家のケヤキ

上志津一三四四
京成電車「志津」南西一・二キロ

上志津・西福寺の隣の小沢家に大きなケヤキがあります。いつもお家の前を通る度に気になっていました。

ある日、若奥様が道路沿いの垣根の下の草取りをなさっていました。通りかかった近くの施設の障害者の方々とやさしく挨拶を交わしていらっしゃいましたので、終わるのを待って声をお掛けしますと、どうぞ、と屋敷の中に案内してくださいました。

このケヤキは樹齢約三百年、志津地域の木では最も大きい木といわれています。私が平成一〇年度のしづ市民大学を受講した時、植物にも詳しい郷土史家・高橋三千男先生からお教えいただきました。樹勢がいいこ

とも高く評価されます。

ちょうどご当主の小沢佶様（七一歳＝取材当時）が畑仕事からお帰りになりましたのでお話をお聞きしました。「言い伝えですか。特にはありませんが、大切な樹なので切らないように、と代々言われてきました。大事に守っていきます。」

＊　＊

幹周りは後日、史跡探訪で訪れた際にみんなで計りましたところ、五・六五メートルありました。

9 上志津のエノキ

上志津一三四四
京成電車「志津」南一・五キロ

指定障害福祉サービス事業所社会福祉法人えのき会オリオンハウスの敷地にあります。
高さは二三メートル、樹齢は約一五〇年と推定されています。

10 鷲宮《わしのみや》神社

上志津・下向
京成電車「志津」南西一・二キロ

八幡神社参道の登り口、石段の手前に小さな社があります。鷲宮神社です。

創建、由緒は不明ですが、祭神は天日鷲（あめのひわしのかみ）です。地域の女人がお参りされています。

11 上志津・西福寺《さいふくじ》の石仏群

上志津一二四〇
京成電車「志津」南西一・三キロ

真言宗豊山派清水山西福寺と号します。

三百数十年前に井野の名刹千手院の隠居寺として建てられました。現在は無住のため千手院の兼務と

▶正面が本堂、右側に並んでいるのが子安観音、左に立っているのが秩父巡礼参拝記念碑。

なっています。本尊は阿弥陀如来。現在の本堂は昭和四一年に建て替えられました。

境内には石造奉齋物が豊富で、本堂正面参道の右側には、寛政元年(一七八九)から平成一四年まで続く子安観音供養碑二〇基、左側には秩父観世音供養塔が一二基、本堂右には石幢(せきどう)形の享保一二年(一七二七)の六地蔵、境内左手の塚上には出羽三山碑が一五基建てられています。

子安観音群 ❶

本堂前の右側にずらりと、新旧二〇基の慈母観音や如意輪観音が並んでいます。

一番古いものは入口奥にある如意輪観音で、寛政元年(一七八九)造立、台石一体型で、高さ七四センチあります。以下、享和四年(一八〇四)、天保一一年(一八四〇)、弘化五年(一八四八)、文久二年(一八六二)と続きます。明治に入って四、一六、二〇、二九、三九年、大正四年、昭和一〇、二〇、三〇、三七、四五、五四年、平成元、一四年と連綿と続いています。

一番奥の昭和四五年銘のものは慈母観音、その右昭和三七年銘のものは子安観音、文久二年・大正四年・昭和二〇年・三〇年のものは慈母観音、寛政・天保・弘化期のものは如意輪観音です。

こうした石仏の前で腰を落としてよく眺めてみますと、その表情は豊かで、思わず心がなごみます。供養した人、された人の永遠の祈りが伝わってくるからでしょうか。

秩父観世音供養塔 ❷

秩父観世音参拝を記念して建てられた供養塔です。全部で一一基、ほとんどが高さが台石ともで二メートルはあろうかという立派なもので、村の人々の信仰のあつさが感じられます。

❶

❷

碑の裏面などに書かれた建立者のお名前をよく見てみましょう。殆どが女性です。そうです。出羽三山参拝登山が男性の講なのに対して秩父参拝巡礼は女性の講です。講元や世話人に男性のお名前がありますが、これは、女性だけの旅だとなにかと無用心だったからでしょう。「今は女性だけでおおいに旅行をしていますがねえ」―碑を眺めながら、ご近所のお年寄りの方のお話です。

上志津の出羽三山塚

境内左手に塚が築かれ、出羽三山参拝記念供養塔が一五基建てられています。

一番古いのは寛政七年(一七九五)のもので、江戸期のものはほかに三基あります。一番新しいのは平成二一年一月建立で、この村では江戸時代から続く出羽三山信仰の営みが現在も続けられているのです。

「一〇年ごとに登山をして、碑を建てています。私が行ったのは平成元年でした。ですから、去年の四月に次の連中に引き継ぎました。講は八日講といいます。」

―地元の蜂谷雅人様にお聞きしました。「去年の四月」というのは、平成一〇年一一月のものが建てられた頃の話です。

さらに蜂谷さんは、重要な情報を教えてくださいました。「上志津がお世話になる神林の宿坊には江戸時代の記録がありますよ。寺の過去帳みたいなものでしょう、宿帳です。宿泊した上志津の講の人々の名が載っています。コピーをしてきたものが西福寺に貼ってあります。ああ、これはうちの先祖だ、とか話題になりましてねえ。」

宿坊の記録

西福寺に貼ってあるという宿坊の記録が見たい―。そこで最近まで社寺の総代を勤められていた豊田昭様をお訪ねしました。「文化文政の頃の宿帳の記録

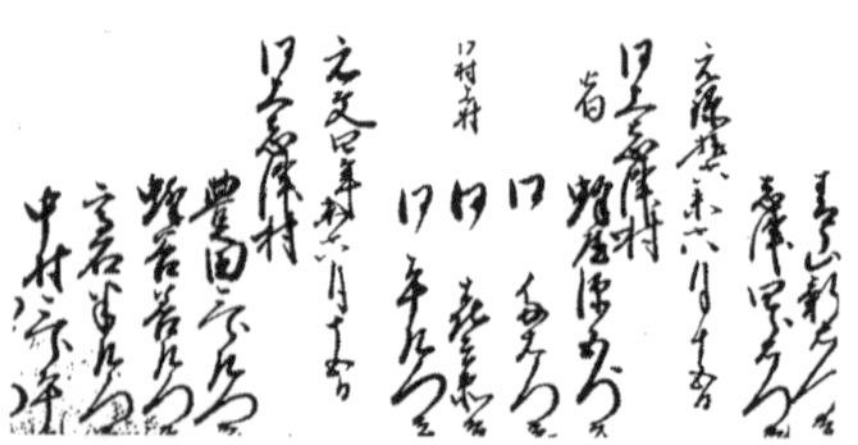

があるそうですが…」とお尋ねしますと、「いやあ、文化文政よりもっと古い、元禄から書いてありますよ。」やおら立ち上がって応接室を跳び出した豊田さんは、奥の部屋から宿帳コピーの現物を持ってきてくださいました。

「これは私が先達を務めた昭和五四年の参拝登山の時に、宿坊に記録があると聞いて、ぜひ拝見したいとお願いして見せていただきました。

そして、コピーをさせていただきたいとお願いして入手しました。当時はまだ、今のようにどこででもコピーができるという時代ではなかったので、お願いしましてね。

上志津は元禄の頃から上志津だったことがこの宿帳でも確認できる古くからの村ですが、古文書はなにひとつ残っていません。それが遠く山形で、上志津の記録が残されていたのですよ。感激しましてねえ。」

元禄、元文、寛保、宝暦、明和、安永、天明、寛政、嘉永、安政、明治―一三頁にわたって宿泊した上志津村の人たち、一八七名のお名前が、そこには書かれています。

県立博物館の企画展で紹介

平成二三年七～九月、千葉県立中央博物館は「出羽三山と山伏」と題する企画展を開催しました。「山形から遠く離れながらも房総は、とりわけ出羽三山信仰の盛んな地域でした」というわけで「出羽三山と修験道の奥深い世界」と房総のかかわりを紹介した展覧会ですが、今も続けられている活動として「上志津の八日講」の行事の様子が紹介されました。

大師堂

本堂前右手に立派なお堂が建てられています。大師堂です。弘法大師が祀られていて、千葉寺十善講・四国八十八ヶ所の四八番、伊予・松山市、西林寺の札所です。ご詠歌は「阿弥陀の世界をたずね行きたくば西の林の寺に参れよ」です。

六地蔵

本堂右に六角形の石柱に仏様が浮彫りされた、珍しい六地蔵があります。高さ一一五センチ、直径三〇センチの石柱で、これを石幢（せきどう）と言います。六面に六様の姿をした六体の地蔵尊が浮

彫りされています。

各面の下部には、金剛願地蔵、是空信士　金剛賓地蔵　春禅定門、□権大僧都宵慶□修福善　金剛悲地蔵　享保十二丁未天（一七二七）正月廿四日、金剛光地蔵、金剛幢地蔵、金剛賀地蔵、と刻んであります。

赤弥陀尊域之碑 ❶

本堂の左前にあります。昭和四二年の建立です。地名研究会訪ねる会の配布資料では「碑文から暦応年間の事柄に関係があるようですが詳細は不明です。」とあります。「赤弥陀」というのは志津駅あたりの字名ですから、本来現地に建てられるべきものが適地がないので寺の境内になった、といわれています。

❶

❷

両墓制の参り墓 ❷

本堂右手の坂道を登り、左に回り込んだ本堂の裏山に古いお墓が沢山建てられています。「埋め墓」とは別に寺の近くに建てた「参り墓」で、「両墓制の墓制」をここで見ることができます。

12 井野小学校跡（西福寺）

上志津一二四〇
京成電車「志津」南西一・三キロ

今はありませんが、西福寺の境内に一本の不思議な標柱が建っていました。「井野小学校跡」とあります。標柱だけで説明板がありません。そこで「ここは上志津なのになぜ井野小学校が？」と不思議に思って調べてみました。

この寺に井野小学校が置かれていたことは『千葉県印旛郡誌』（大正二年刊）をひもとけばすぐに分かりました。しかしなぜ「上志津」に「井野小学校」なのでしょう。『印旛郡誌』は漢文調なのでここでその難しい文章を長々と引用するわけにいきませんので、はしょり読みしますと、「明治六年井野小学校が設立されたが、当初は上志津西福寺を仮校にし

て出発」と述べられていました。

つまり明治政府は明治五年に学制を公布し学校教育の振興を図り、各地に学校を開設させるわけですが、すぐに校舎を建てたりするわけにいかないので、当地ではとりあえずお寺をお借りして学校が始まった、というわけです。

すなわち今の志津地域の各小中学校につながる学校教育がこの西福寺に始まったのです。

『印旛郡誌』からの引用を続けます。「八年に校舎を井野町に移転、十一年九月に井野原に新築」。しかし井野小学校と西福寺の関係は当初の「仮校にして出発」だけではすみませんでした。

「ところが十五年八月に学校が分裂、再び上志津西福寺に設立、二十年七月上志津尋常小学校と改称、二十五年九月志津南尋常小学校と改め、同年十月校舎新築之に移る」—井野小学校が西福寺を校舎にしていた期間はかれこれ一〇年余もあったのです。

明治四〇年四月の学制改革で志津南尋常小学校は、一方で小竹小学校からスタートした志津北尋常小学校と共に志津尋常高等小学校（のちの志津小学校）に併合されました。

ところで、当時の小学校の設立や維持の経費は原則として民費の負担でしたので設立がはかどらず、無事に設立してもその経営は村にとってかなり苦しいものでした。したがって井野小学校や小竹小学校が明治六年に設立されたというのはとても早かったのですが、その経営が苦難の連続であったことが『印旛郡誌』の記述によって偲ばれます。

すなわち、「二十五年九月志津南尋常小学校と改め、十月校舎新築之に移る。三十五年九月二十八日暴風雨のため校舎倒壊し」、一方小竹小学校の方も「二十一年六月校舎新築成り移転す、二十二年七月十一日夜暴風雨にて校舎圧倒せられたり」「三十五年九月二十八日亦も暴風雨のため倒潰の災いに罹りし」—それは当時の貧しい村にとって一大事件だったに違いありません。

しかしこうした先人の努力によって今日の充実した学校教育の基礎が築かれたわけで、西福寺にたたずむ一本の標柱が私達に語り掛けるものには意外に深い意味があるのです。上志津・西福寺は志津地区における学校教育発祥の地なのです。

コラム

文化財破壊事件

上志津・西福寺境内に永仁六年（一二九八）の板碑が建っていました。私は本書の旧版で次のように書き、紹介していました。

「■永仁六年命板碑

子安観音群の上手奥にあります。高さ六八センチ、幅二七センチ、厚さ三センチの板石の碑です。これを板碑といいます。板碑は卒塔婆の一種として造られた供養塔で、鎌倉時代におこり、ほぼ中世にかぎって造られました。

この板碑は、まんなか上部に主尊（弥陀）を表す梵時字（種子）、その下に造立年月日、そして左右に花瓶（けびょう）が描かれています。造立は永仁六年（一二九八）、これは佐倉市、千葉県の中でもかなり古いものと思われます。

もとからこの境内にあったわけでなく、近くの南志津調整池の整備工事で出土、ここに保管することになりました。」

＊　＊

平成一二年九月二六日、この板碑が踏み倒されました。第一発見者は、当時境内に常住してお掃除などをなさっていた管理人のおばさんでした。

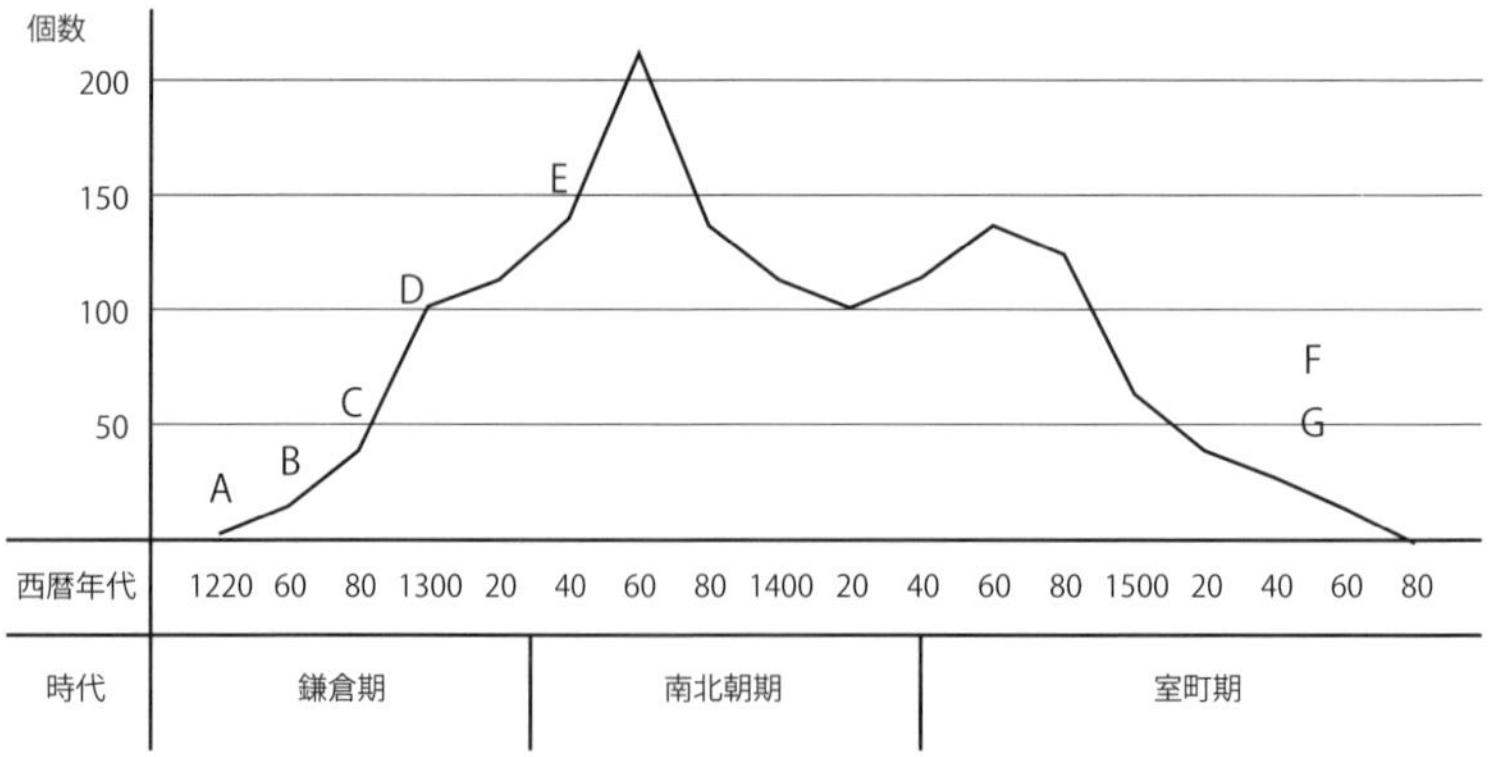

A　最も古い　埼玉県　嘉禄６年（1227）
B　三多摩で一番古い　康元元年（1256）
C　江戸川区で一番古い　文永 10 年（1273）
D　上志津　永仁６年（1298）
E　下志津　康永元年（1342）
F　三多摩で一番新しい　天文 20 年（1551）
G　江戸川区で一番新しい　天文 16 年（1547）

（参考）東京都出土板碑の年代別造立状況

この日私は井野中学校で行なわれる学校開放公開講座「志津の地名」（佐倉地名研究会が市教育委員会から受託）に行くため自転車で通りかかり、立ち寄ったのですが、なんと、板碑が倒されているではありませんか。

管理人のおばさんにお会いしましたら、夕べいたずらされた、朝、気がついて驚いた、とのこと。とりあえず、紛失を防ぐため、破壊された個体を本堂内に収容していただくようお願いしました。さっそくその日の講座で報告しました。

九月二八日、社寺総代の豊田昭氏、上志津在住の佐倉地名研究会会員の松井ヤヨイ氏、第二発見者の宮武孝吉、の三人が集まって管理人さんに破壊状況を再現していただき現場確認、善後策を協議しました。

もう現場での建立はしない、板碑は堂内に厳重に保管していただく、ということになりました。

板碑

板石の卒塔婆で鎌倉時代から室町時代にかけて造られました。亡くなった人の冥福を祈る追善や、生前に自分自身の菩提を弔い来世での安楽を願う逆修（ぎゃくしゅう）のために造られました。

志津では上座、井野、下志津などで出土されていますが、上志津から出た永仁六年のものはもっとも古いものです。

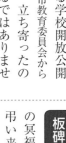

13 南志津公園

西志津八丁目
京成電車「志津」西南二キロ
グリーンバス・内陸バス「西志津小学校」北二百メートル

西志津を南北につらぬく都市計画道路と水道道路の交差点脇にあります。都市計画事業南志津特定土地区画整理事業で計画されたもので、市に帰属する公園です。もとは水田と雑木林でした。

交差点近くの入口付近が公園で一番高いところなので、公園全体を見下ろせます。総面積は二ヘクタール。うち約一ヘクタールが低くなっていますが、調整池になっています。

普段は多目的な芝生公園になっていますが、「大雨の時は利用を中止して外に出てください」という看板が立てられています。

周囲の園路沿いにはトリム施設が配置されています。入口広場の高さは二二・五メートル、芝生広場の高さが一二・八メートル、高低差が約九・八メートルもあります。

植生は豊かで、アベリア・オオムラサキツツジなどの常緑低木、アジサイ・ドウダンツツジなどの落葉低木、サクラ・キンモクセイなどの常緑中木、ムクゲ・ライラックなどの落葉中木、クスノキなどの常緑高木、イロハモミジなどの落葉高木、既存樹、シバザクラなどの地被もの、バラなど八〇種類もの植物が楽しめます。

14 八幡神社

【市民文化資産】

上志津一五四五
京成電車「志津」南一・二キロ

西福寺前を南へ約五〇メートル行った右の山側に石段があり、上に鳥居が見えます。この小高い山に八幡神社が祀られています。

石段を登り、林のトンネルを進むと先に本殿があります。いつ行っても参道はきれいに清掃されていて、地域の方々から大切にお守りされていることが伺えます。祭神は品田和気命（ほんだわけのみこと）、例祭日は九月一五日です。創建は寛永三年（一六二六）といわれています。

今年（昭和六一年）の祭礼に参加しました。神主と氏子総代三名、ほかに我々志津風土記の会の方数名が参列した素朴な「神の祭り」でした。

私はこの神社の幽玄な佇まいが気に入って、以前から時々足を運んでいましたが、最近になってこの森が大変貴重な存在であることを知りました。

教えてくださったのは柄澤勝雄さんで、志津地区ではこの神社の一角だけが百年以上木を切っていない常緑広葉樹林なのだそうです。志津公民館の講座で、志津在住の理学博士・鈴木貞雄氏（故人）から教わったそうです。

普段は何気なく見過ごしてしまいがちな生活の周辺のものもちょっと足を止めてみると興味深いですが、ましてやこのように「志津地区ではこの神社の一角だけが」などと知らされるととても興味深く思われます。地域環境が将来たとえどのように変貌を遂げようともこうした自然は、素朴な佇まいそのままに残していってほしい、と願わずにはいられません。（以上、旧版の記述）

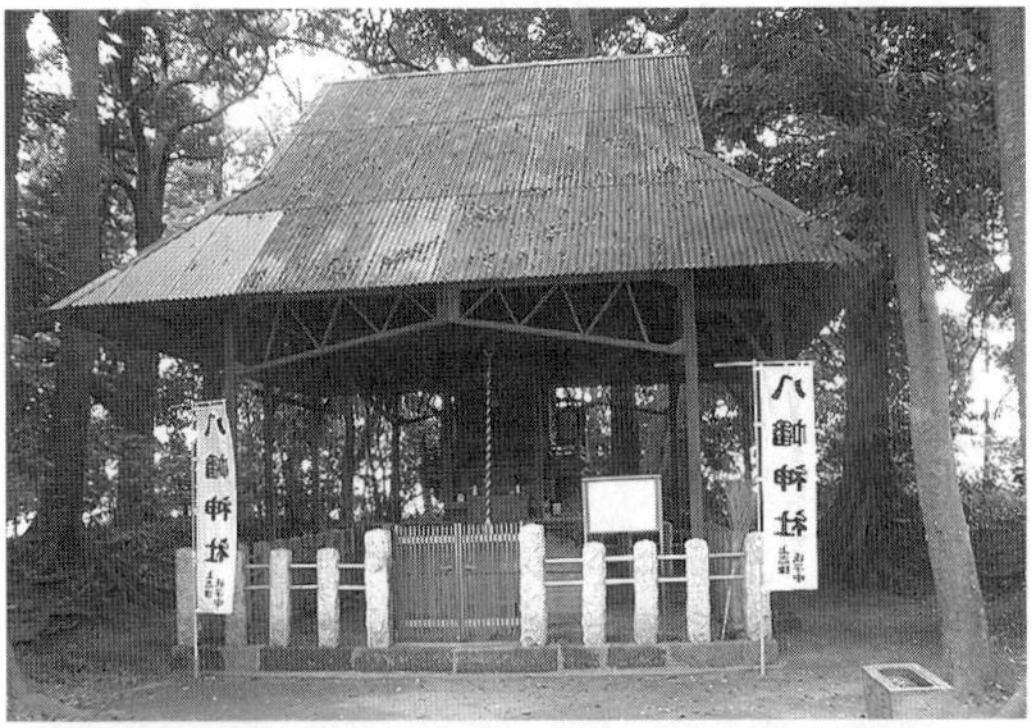

▲写 平田恭一郎氏

お歩射（おびしゃ）

八幡神社では毎年二月一日、民俗行事「お歩射」（おびしゃ）が行われています。

境内集会所会議室に臨時の祭壇が設けられ、榊、松、竹笹と幣束を立てかけ、お神酒、するめ、山芋の一種・野老《ところ》、野菜などをお供えします。神主が拝礼して祝詞を唱えます。

祝詞が終わると列席者に向かい大幣を振ってお払いをします。そして氏子は順番に玉串を祭壇に供えます。神事は終わり、神主さんは帰ります。その後今年度の当番と次年度の当番が対面して引き継ぎをします。そして直会（食事）になります。

平成二五年二月一日、この行事を見学した平田恭一郎さんが、地名研究会の会合で報告してくださいました。

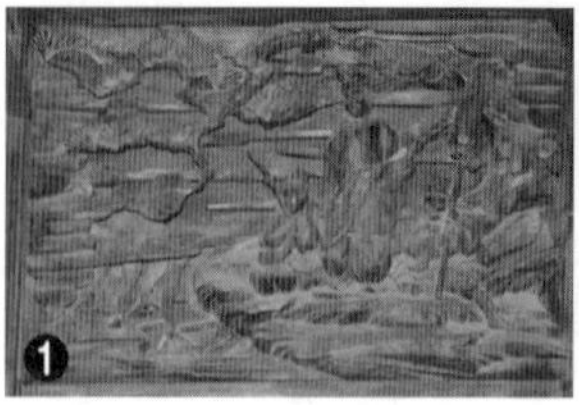

上志津八幡神社の彫刻

本殿左側面は「仁徳天皇の和歌」❶です。天皇が即位した時、高みに登って都を眺めたら、人家のかまどから炊煙が立ち上がっていないことに気がついて租税を免除し、善政を施した。

三年後、再び高みに登ったら、どのお家からもかまどの煙が立ち昇っていた。そこで天皇は「高きやに登りて見れば煙立つ民のかまどはにぎわいにけり」と歌を詠んだ。この彫刻はその様子を描いたものです。

右側面は「鳥を見る武将」❷。この場面を特定することは難しいのですが、八咫烏（やたがらす）が描かれていることから、「神武天皇の東遷」ではないかといわれています。

神武天皇が九州から海を渡り紀伊半島に上陸、熊野の山越えをしていた時です。山中で道に迷っていたら、八咫烏が現れて一行を無事に大和に案内した、というお話です。八咫烏とは三本足で、神話の鳥です。

本殿裏側は「天の岩戸開き」❸です。

須佐之男命の暴状に怒った天照大神が天の岩戸にお籠りになられたので、天下が真っ暗になり、皆が困った。そこで神々が集まり、岩戸の前で歌舞を舞い、騒ぎ立てたら、天照大神が天の岩戸からお出ましになられ、世の中は再び明るくなった。この彫刻はあの有名な神話を彫ったものです。

左上にちらりとお顔が見られるのが天照大神。岩戸の前の騒ぎに「なんだろう」と覗いておられるという、彫工のユーモアが感じられる構図です。彫工は後藤一重です。

＊　＊

その他の彫刻については専門的になるので（中には論争中の図柄もある）省略しますが、驚くべきはここに紹介した話は単に昔話というだけではなく、現代に生きていることです。

仁徳天皇の和歌の話は今でも国会の論戦などで「消費税を上げることより民のかまどを温めることが先ではないか」などと引き合いに出されたりしています。八咫烏は日本サッカー協会のシンボルマークです。まさに神話は現代にも生きているのです。

八幡神社の彫刻は立派だと、よく言われてきたのですが、何が描かれているのかを知ると、いっそう興味深くなりますね。

15

大堀塚

西志津七丁目二番一号
京成電車「志津」南西二《キロ》
グリーンバス・内陸バス「西志津小学校」前

西志津小学校校庭南門の脇にあります。

説明板に「この塚は昔の人が作ったものです。いつごろ作られたものか、今のところわかりませんが、西志津小学校を作るときに、こわさないように残しました。学問がもっと進んで昔の事がよくわかるようになったら、調べていただきます。…」と書いてあります。

16

上志津大塚1号塚

西志津五丁目一五一八
京成電車「志津」西南一・二《キロ》
グリーンバス・内陸バス「西志津四丁目」西百《メートル》

西志津・大塚あさぎ公園にあります。

『佐倉市埋蔵文化財分布地図』の短い解説によりますと「円形で径八《メートル》、高さ約三《メートル》」とあります。

塚の前に説明板があり、「この塚は上から見るとほぼ正方形で、周りには溝（周溝）を巡らせています。周溝は塚の入り口と思われる西側が張りだした珍しい形をしたものですが、残念ながらいつの時代に、なんの目的で作られたのか現在のところわかりません」とあります。

17

西志津西野の庚申塚

西志津四丁目二四の六
京成電車「志津」南西一《キロ》
グリーンバス・内陸バス「志津図書館」東三百《メートル》

西志津四丁目、市立志津保育園の南、モチノキの広場の西隣にあります。石段を登ると三基祀られています。

一番古いものは中央の青面金剛像のものでお像の左脇に「上志津村講中」、左側面に「明和元年（一七六四）施主源五右エ門」とあります。大きさは高さ七七センチ、幅三〇センチ、厚さ二四センチで、高さ二四センチの台石に載っています。

左のものは文字塔ですが天部に日、月、雲が陽刻されていて、中央に「青面金剛王、」右に「文政十亥年」（一八二七）、左に「四月吉日」とあります。左側面に「上志津村」とありますが、上志津村という刻字の上に「ハ」という記号がかぶせられていて興味深い。大きさは、高さ六八センチ、幅二八センチ、厚さ二〇センチで、高さ四〇センチの二段の台石にすえられています。

右のものは文字塔で中央に「（梵字）青面金剛王」、右に「文政十三寅年」、左に「三月吉祥日」、左側面に「上志津村　施主源〇右エ門書」とあります。大きさは、高さ五五センチ、幅二四センチ、厚さ一二センチで、高さ一一センチの台石にすえられています。

■戦後開拓された新しい村

18 上志津原

京成電車「志津」南二キロ
グリーンバス・内陸バス「上志津原」

上志津原は、終戦の昭和二〇年八月まで旧陸軍の軍用地で、四街道から展開する下志津原演習場の一角でした。戦後、今の農家の方々が入植して、開墾しました。

入植したのは昭和二〇年一二月、二一年一月、二月、三月のことでした。

初めは千葉市若松町の兵舎を拠点にして、あるいは上志津の西福寺に寄宿して通いましたが、ほどなく現地にバラックの共同住宅を建てて、開拓に励みました。

食料難の時代でした。文字どおり原野に最初のひと鍬を振り下ろすことから始まった生活は困難を極めました。ひと冬越した二一年の春、「あたり一面に生えるわらびに救われた」という述懐が記録され

ています。（『上志津原たより』第四号）

その上肝心の農作業は「土地がやせていて作物が育たない。種を播いても芽が出ない。芽が出ても苗が立ち上がってこない。苗が育っても実がならない、という按配でした」。（「上志津原のあゆみ展」展示パネル、石川恒次様のお話から）

しかし、開拓者達は困難にくじけませんでした。昭和二一年秋の頃から、若松町の兵舎を壊して調達した古材で、みんなで力を合わせて順次、それぞれの家を建てるなどして、開拓を軌道に乗せていきました。

上志津原はこうして開拓農家四七軒による街づくりがなされてきましたが、昭和三十九年頃から新住民が入り、新旧融和の街づくりが行われてきました。

上志津原の見どころとしては、上志津原の桜並木などがあります。

上志津原の開拓を語る

平成二三年一月、上志津原町会の広報紙『上志津原たより』第三六二号は「新春インタビュー」として上志津原の開拓をされたおひとり、石川恒次さん、ミツ子さんご夫妻へのインタビューを掲載しました。二ページにわたる特集です。（次頁）

▼開墾　中原武氏

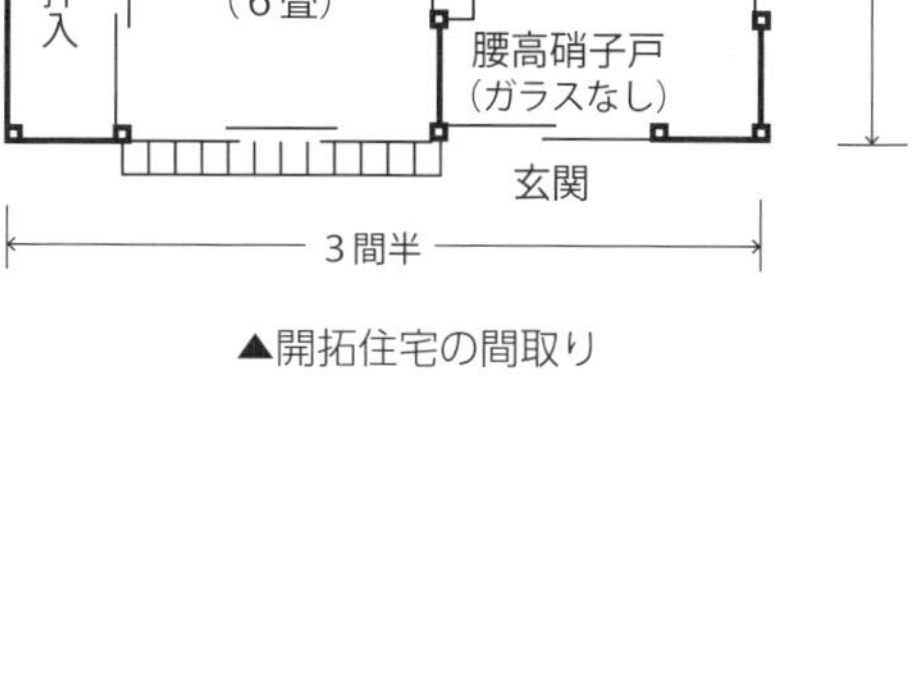

▲開拓住宅の間取り

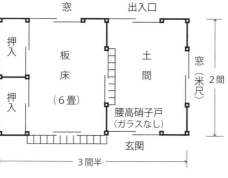

謹賀新年　本年もよろしくお願いします。　平成23年元旦　上志津原町会　役員・班長一同

上志津原たより
第362号
平成23年1月1日発行
発行　上志津原町会
発行責任者　町会長　大内　茂

新年のご挨拶

町会長　大内　茂

あけましておめでとうございます。

旧年中は上志津原町会の、皆様方の温かいご支援をいただき、ありがとうございました。盆踊り大会や幹線道路清掃、大運動会等の主な行事も無事終えることが出来ました。

日頃の町会運営へのご理解ご協力に対し、心からお礼申し上げます。

私も来年（24年）3月限りで、任期満了となりますので、今年中に後任人事を進めていきたいと思います。

上志津原が「住みよい上志津原」であるよう、皆様と共に力を合せて、役員一同頑張って参りますので、本年もどうぞよろしくお願い申し上げます。

皆様のご健勝とご多幸を心よりお祈り申し上げまして、新年のご挨拶と致します。

新年会

1月16日（日）正午から

お申込みになられた方は忘れずにお越しください。お待ちしています。（スポーツ新年会係）

新春インタビュー

開拓65周年記念企画

上志津原の開拓を語る

語る人　石川恒次様
　　　　石川ミツ子様

上志津原は戦前、四街道から広がる陸軍の演習場でした。昭和20年12月、昭和21年1月、2月、3月においでになられた方々によって開拓されました。食料難の時代、戦車のキャタピラや軍靴で踏み固められた不毛の地を開墾するのは大変なことでした。
下志津開拓団に入った37世帯が23年3月に開拓組合をつくり、その後加わった10世帯の計47世帯で団結し、励ましあってこの地を開きました。最初の入植者のおひとり、石川さんご夫妻にお話をお伺いしました。

■入植のいきさつ

—まず、上志津原へおいでになられたいきさつをお聞かせください。

石川　私が上志津原へ来たのは昭和21年1月の中旬で、19歳でした。

—開拓団で最少年だったとか。

石川　いいえ。最少年ではありません。18歳の方も2人いました。

なぜここに来たかと言えば、戦争で負けて壮年も青年もばんざいで仕事がなくなった。さあ、どうしようという時に人づてに下志津原に軍用地がある、という入植の誘いがありました。下志津原演習場を開拓して食糧増産を図るという国策事業で、ようし、チャンスだ、というわけです。私、東大和の出身ですが、仲間とともに来ました。

—東大和からですか。

石川　立川で電車に乗り、国分寺、三鷹、中野、新宿と、当時、電車は走っていたのですが、沿線は建物らしいものはひとつもない焼野原で、みんなひどいめにあったんだな、と思いました。戦争とは悲惨なものだということを実感しました。

千葉で平山さんが迎えてくださいました。千葉からは線路伝いに歩いて、四街道の兵舎に着きました。

当面その兵舎で寝泊りすることになりました。

下志津原演習場　山王、天台、千種、鹿放、現在の上志津原、下志津原に広がる広大な土地を下志津原と称した。現在の下志津原はその一部である。

ここではインタビューの中に付記された上志津原開拓についての解説文を収録します。

■下志津原演習場

山王、天台、千種、鹿放、現在の上志津原、下志津原に広がる広大な土地を下志津原と称した。現在の下志津原はその一部である。

■上志津原の開拓

下志津開拓団勝田分団として最初に定着したのは三七戸、二三年三月に上志津開拓農業協同組合結成。二四年四月第二次入植五戸、二六年六月鹿放からの転入五戸の計四七戸で上志津原は開拓された。

■四七戸の開拓の村

昭和三九年頃から宅地分譲が始まり、新住民が転入。四二年に一〇〇戸、四八年に三〇〇戸、平成二年に五〇〇戸、二一年に八〇〇戸を超え、現在に至っている。

（インタビューの一部）

―まず、上志津原においでになられたいきさつをお聞かせください。

石川　私が上志津原に来たのは昭和二一年一月の中旬で、一九歳でした。

―開拓団で最少年だったとか。

石川　いいえ。最少年ではありません。一八歳の方も二人いました。

なぜここに来たかといえば…

（以下は上志津原町会のホームページ、「ようこそ上志津原へ」でご覧ください。）

上志津原のホームページ

「ようこそ上志津原へ」で検索してください。「町会のページ」「町会広報紙」「こんな町です（歴史）」などメニューは多彩ですが、圧巻は「フォトアルバム・上志津原散歩」で、季節の花々や野鳥の映像をふんだんに見ることができます。

19 上志津原の桜並木（ふれあいどおり）

上志津原
京成電車「志津」南二キロ
グリーンバス・内陸バス「上志津原」

上志津原交差点から南へ、または西へ、幹線道路沿いの防風林は春になると見事な桜並木に一変します。種類は大寒桜や染井吉野、数は児童公園を含め約一六〇本あります。

上志津原は、戦前は四街道から広がる下志津原陸軍演習場の一角で、戦後入植した方々によって開拓されました。幹線沿いの松林は防風林として植林されました。

では桜はいつ植えられたのでしょうか。

昭和三九年、市は市制一〇周年記念事業として桜の苗木の配布をしました。このとき給付を受けて植え、大切に育てたのが今日の桜並木になりました。

防風林は国有地でしたが、市に移管されたのを機会に、市は平成一一年、これを遊歩道として整備しました。そして公募により「上志津原ふれあいどおり」と名づけられました。

全長一・三キロ。一部の区間はいちょう並木にもなっており、町会では春は桜、秋にはいちょうのライトアップをしています。そして各所に花壇をつくって、四季の草花が楽しめるようにしています。

なお秋には一面に彼岸花が咲き誇ります。上志津原まちづくり委員会のふれあいどおり部会では平成二〇年から、彼岸花百万本計画を展開中です。

上志津原のあゆみ

昭和 20 年 12 月	旧軍用地農地化のため「下志津開拓団」結成。
21 年 1 月	上志津原地区の入植開始。若松町の兵舎や西福寺に起居して上志津原地区の開墾が始まる。（当時は下志津開拓団勝田分団）
21 年 3 月	現地にバラックの共同住宅を建てる。
21 年 5 月	食糧難。あたり一面に生えるわらびに救われた。（『上志津原だより』第 4 号）
21 年秋〜	皆で協力し、個人住宅の建設を始める。
22 年	上志津原地区、34 戸で落ち着く。
23 年 3 月	上志津開拓農業協同組合結成（37 戸）。
26 年 6 月	47 戸で定着。
28 年	上志津より分離独立し、上志津原となる。
29 年 3 月	佐倉市制施行。
29 年 4 月	上志津原町会発足。11 月、第 1 回運動会開催。
32 年	畑地かんがい井戸完成。（スプリンクラーで畑に水）
39 年	防風林に桜の植樹始める。
39 年〜	宅地分譲が始まる。
42 年	100 戸を超える。
62 年 3 月	上志津原のあゆみ展開催。
平成 24 年	500 戸を超える。
（今は？）	平成 29 年末現在約 1 千戸。

下志津　しもしづ

下志津原／中志津／市外

■下志津を訪ねる
■大規模団地の出現 中志津
■市外

▲報恩寺にて

上志津村の東、手繰川西岸の台地上に位置し、南は畔田村です。

古くは上志津村と一村であったとみられ、慶長19年(1614)の東金御成街道覚帳には志津村とみえます。元禄13年(1700)頃の下総国各村級分では下志津村として記録され、旗本領。翌14年以降は佐倉藩領です。

春日神社と、志津次郎胤氏を開基とする臨済宗妙心寺派・報恩寺があります。

県立佐倉西高等学校と東邦大学医療センター佐倉病院があります。

太平洋戦争で下志津は昭和20年2月19日に空襲され、30数戸の家が焼き払われるなどの被害にあいました。

中志津は、角栄建設が志津の丘陵を開発し、角栄団地ができたときに生まれた新しい町です。

下志津地区の文化財地図

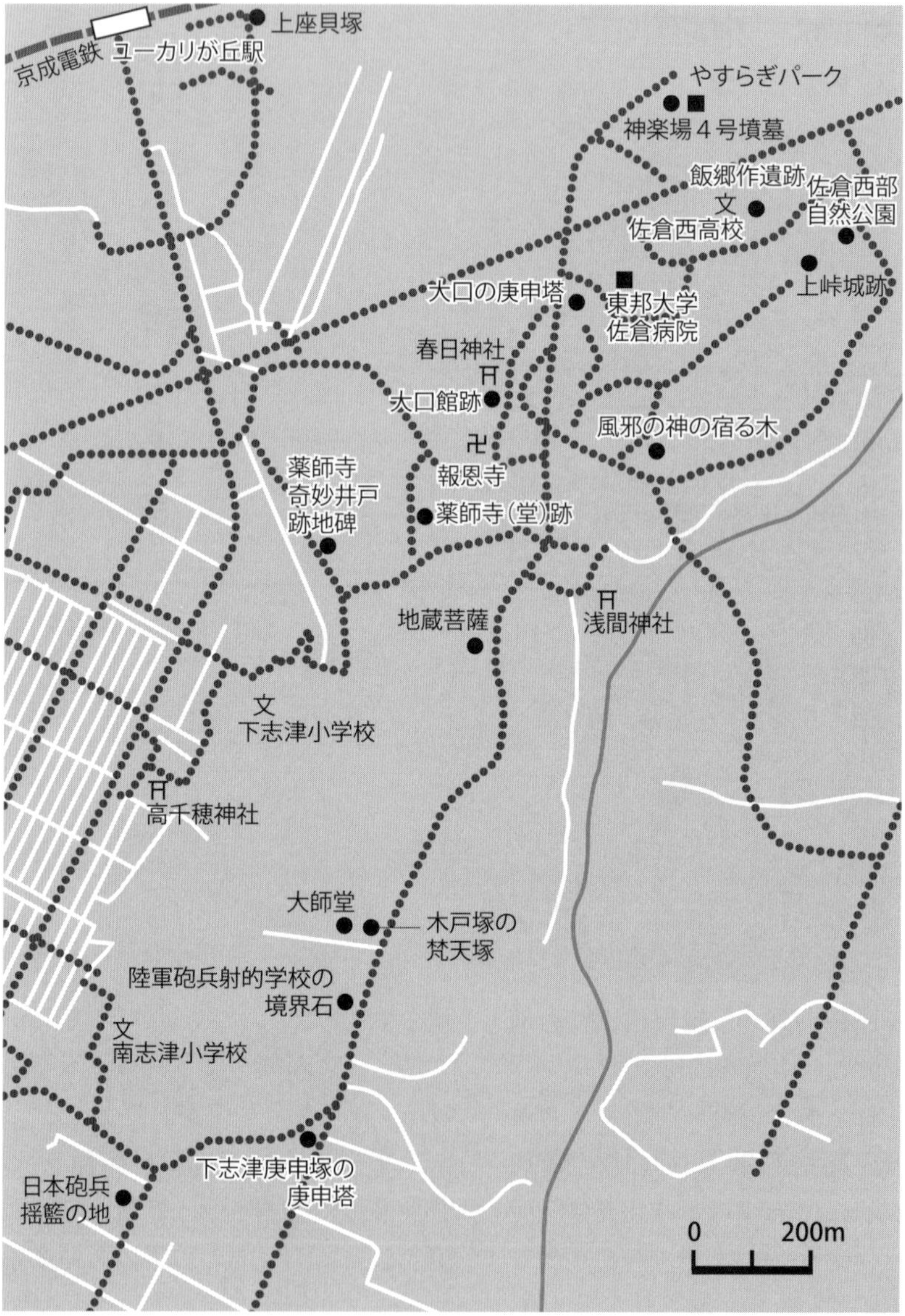

■下志津を訪ねる

1 神楽場《かぐらば》遺跡

下志津・志津橋ほか
グリーンバス「東邦大佐倉病院」北百メートル

東邦大学医療センター佐倉病院の前の十字路を北に入ると広い台地で、畑が広がっています。ここが神楽場遺跡です。

この遺跡は今から約四千年前から二千百年前、縄文時代の中期から晩期にかけてのもので、市内の同時期の遺跡の中で最も規模の大きいものの一つです。

道端で足を止めて畑の中を覗き込むと土器片を見つけることができます。今は、一部が霊園になったほか、その面積の多くが家庭菜園になり細分化されて管理されていますので、畑の中に立ち入って土器や石器を拾うことはできません。

やすらぎパークの中に、教育委員会が建てた、霊園開発に先立つ発掘調査の説明板がありますからそれで勉強してください。その場所に、神楽場四号墳が保存されています。

以下は、土器や石器が拾えた頃の旧版の記述です。

＊　＊

私がこの遺跡を知ったのは昭和六〇年の冬、志津公民館が開催した親子史跡めぐりに参加した時のことでした。「ここでは土器や矢じりが拾えます」と市の学芸員の方が案内してくださいました。

そして畑の中を歩きながら「石器を見つけるには雨のあとがいい。うねの先にキラリと光るものがあればそれが石器です。」と、見つけ方を教えてくだ

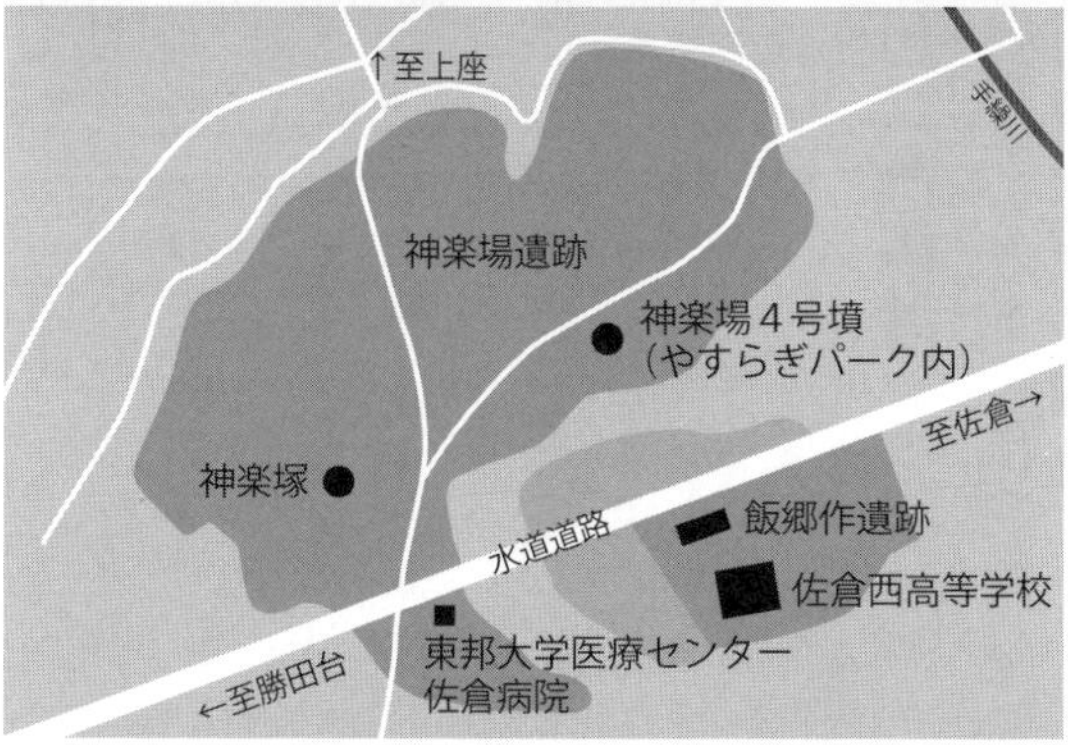

◀石鏃

さいました。そしてそのあとすぐに学芸員の方が本当に矢じりを拾って見せたのでびっくり。

そこで後日改めて一家で自転車のペタルをこいで行きましたら、あるわあるわ。息子や娘が黒曜石の石刀数十点のほか、石鏃（せきぞく＝矢じりのこと）を拾いました。

その後私は何回も神楽場遺跡に通い、畑仕事中の農家の方とお話ししました。

「みんな拾いにくるけど、もういいものはないでしょう。耕運機で耕すようになって土器はこなごなになってしまいましたからねえ。でも、みなさん熱心ですねえ。先日は横浜の小学校がバスで来ていましたよ」―何度か足を運ぶうちにすっかり顔なじみになったこの方、仲村時次様のお話によると、土がやや高くなった南方のごぼう畑は古墳のあったところで、台地東方に見える茂みは人形塚、西片の畑の真ん中にある塚は神楽場塚❶と呼ばれているそうです。

古代人たちはこの塚の前でなにを願い何を祈って神に奉げる舞を舞ったのでしょうか。いずれにしてもこの遺跡は、古代の舞台そのままのたたずまいを、今に伝えているかのようです。

❶

▲散らばる土器片。今は拾えません。

◇神楽場遺跡落とし穴遺構群〈消失〉

東邦大学医療センター佐倉病院のある場所は神楽

場遺跡の一画です。

病院建設に先立つ病院用地の発掘調査で、シシ狩り用の大規模な落とし穴の遺構群が見つかり大きな話題になりました。遺構発見のニュースは、昭和六三年一月二三日の読売新聞で大きく報道されました。

早速見に行きました。下志津の集落に向かう道沿いに発掘現場事務所があり、単独行でしたが学芸員の方が現場を親切に案内してくださいました。

東に伸びた馬の背状の台地の中頃に落とし穴の列があり、さらに台地の突端部分に大きな、しっかりした穴がずらりと並んでいました。

当時撮影した写真は失くしてしまいましたが、概略は次に掲載する詩でご想像ください。

*

富士山のこと

宮武孝吉

東邦大学医療センター佐倉病院建設に
先立つ発掘調査で
江戸時代前半の
大規模なシシ狩用の落とし穴の
遺構群が発見された
台地のへりに50個も並んでいた
周辺の村々の勢子人足（村人）が
鳴り物を打ち鳴らしながら
イノシシ、シカ、ウサギなどを
林や原野から追い立てて行き
台地のへりに設けたシシオトシに
落として捕まえたのだそうだ
なぜ江戸前半と分かるかと言えば
宝永四年の富士山噴火の火山灰が
穴に堆積していたからである

富士山が世界遺産に登録された
という知らせを聞いて　まず
思い起こしたのはこのことである

（千葉県詩人クラブ発行『千葉県詩集　第四七集』二〇一四年版収録）

2 飯《いい》郷《ごう》作《さく》遺跡

【史跡・県指定】

下志津二六二一—一、他
グリーンバス「東邦大佐倉病院」東百メートル

県立佐倉西高等学校の校庭に、巨大な前方後方墳など遺跡の一部が現状保存されています。

この遺跡は、高校の建設に先立つ昭和五一・五二年の発掘調査で発見されました。前方後方墳二基、

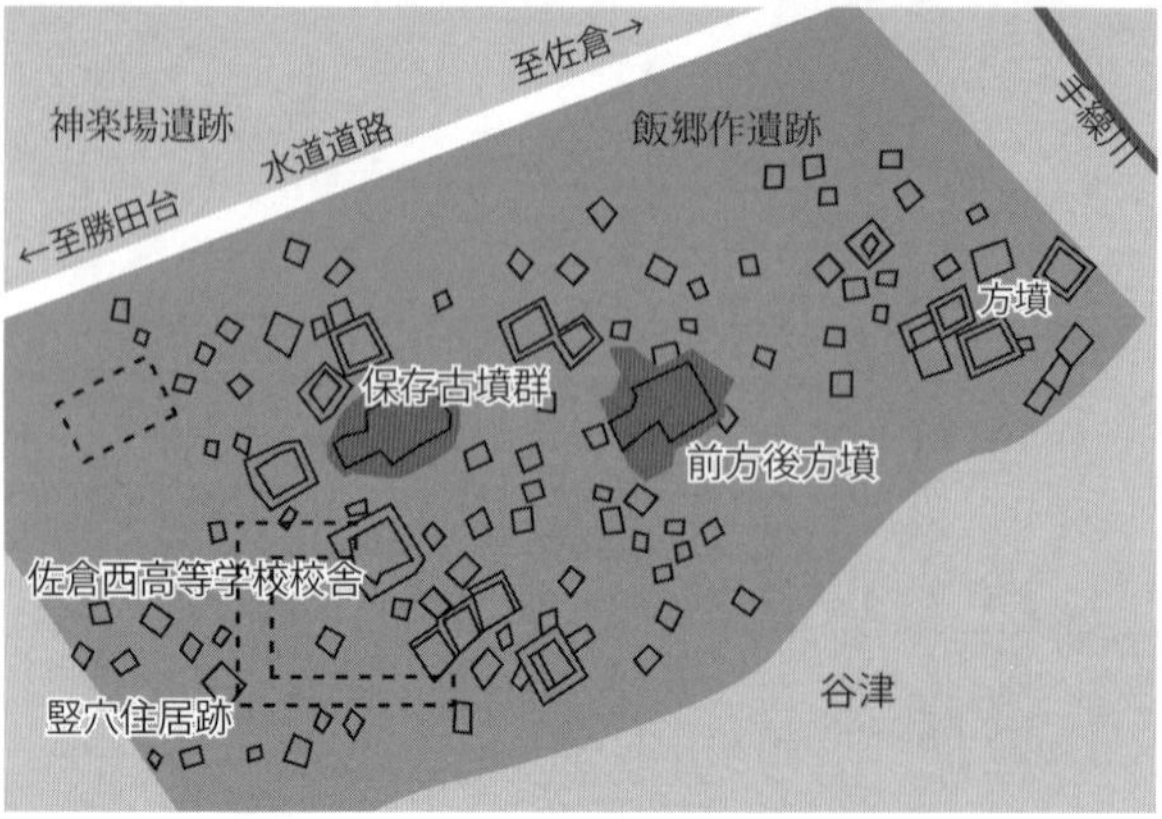

方墳二基、方形周溝墓一三基、竪穴住居跡九〇基（弥生時代後期四一、古墳時代前期四六、後期三）などが検出されました。

前方後方墳は主軸長三〇メートル、後方部幅一五メートル、方墳二基は一辺一二メートル、方形周溝墓は一辺四～七メートルです。築造年代はいずれも四世紀末と考えられています。『佐倉市の指定文化財』の説明によると、「弥生時代の墓制の流れをひく方形周溝墓と古墳時代の前方後方墳、方墳とが一連の関係をなしている例は全国で初めてで、弥生時代から古墳時代にかけての墓制の変遷を知る上で重要な遺跡」とのことです。

前方後方墳一基、方墳二基、方形周溝墓五基が県の史跡に指定され、現地保存されています。

＊　＊

周辺には弥生時代後期の遺跡が多く分布しています。東側、手繰川の対岸には臼井南遺跡などが調査されています。そして弥生時代から古墳時代に遺跡群が周辺に連続する中でこの地に巨大な古墳が出現しているのです。このような古墳を築いたのはヤマト王権の勢力伸張を今に伝えるものだそうですが、いずれにせよ志津にこのような古墳を築いた豪族がいた、というのは驚きです。

なお、西高のホームページには最近まで「古墳保存のために校舎建築計画が変更され、校舎がいびつに配置された」という記述がありました。

3 佐倉西部自然公園（仮称）

下志津・臼井作、上峠ほか
グリーンバス「南ヶ丘病院」南三百メートル先

県立佐倉西高等学校の南側の、下志津から畔田の谷津や丘陵、東京ドーム約一五箇分に相当する広大な土地（約七三・八ヘクタール）を、佐倉市では自然公園にするために整備中です。（整備基本計画図❶）

計画は平成二〇年度から四一年度までの約二〇年間にわたり、ＡＢＣＤ四つのゾーンに分けて、整備（測量、設計、工事）しています。

Ａゾーンは、自然体験や学習の場として市民が自然と触れ合えるエリア。Ｂゾーンは、里山・谷津景観を再生・保全し、サシバ等多様な生き物を育

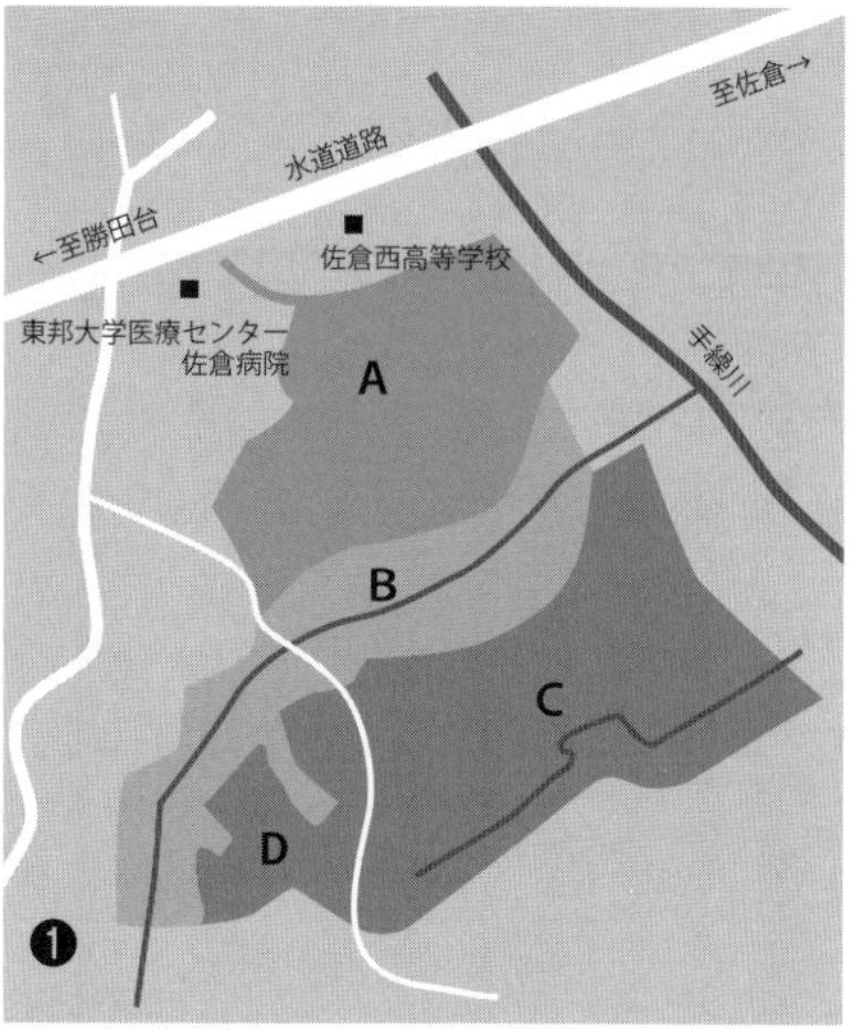

むエリア。Cゾーンは、自然の中で健全な身体を育む、身近なふるさとをイメージできるエリア。Dゾーンは、人の出入りを抑制して昔からの山林形態を残し、猛禽類など貴重な生き物が住めるエリア、となるよう計画しています。

まだよく知られていませんが、佐倉市では今、こんなに壮大な計画が進められているのです。なお、市ではこの基本計画に基づき、下志津、畔田の地元に設置された「ふるさと会」、「里山会」と協議しながら、整備を進めています。

4

上峠城跡《じょうびょう》

下志津・上峠
グリーンバス「南ヶ丘病院」南六百《メートル》

この城跡の所在を知ったのは志津歴史同好会さんが志津公民館祭で展示した史跡図を見て、でした。

下志津中心部の三叉路を右へ、畔田に向かう道を行きます。道が下志津・畔田間の谷地へ向かって右にカーブしながら下り始めるところの枝道を左へ入ります。こんな所に入っていいのかなと思いながら林の中を進みますとやがて広く切り開かれた畑に出ます。佐倉市教育委員会が発行した『埋蔵文化財分布図』によればこの辺りから先が城跡ということになります。

『分布図』によりますと、「現状では台地先端部にのみ土塁・空堀を認め得るにすぎないが、かつては西方の散布地である畑も土塁によって囲繞されていたという。多郭構造で遺存は良好。中世」とあります。地形的には中世の城跡として格好の場所です。いったいどんな豪族がいたのでしょうか。伝承や記録がないので詳しいことは分かりませんが、印旛沼から四街道方面へ向かう水運を見張る絶好のポジションです。

いずれにせよこの台地は、ほとんど手つかずに残されていますので「遺存は良好」、将来いつの日にか行なわれるであろう発掘調査を待ちたい遺構です。

地名の呼称

「上峠」とはなんと呼ぶのでしょうか。佐倉市が発行した『佐倉の地名』（昭和六〇年刊）によると振り仮名は「かみとおげ」となっていますが、地元ではもっぱら「じょうびょう」と呼んでいます。

5

風邪の神の宿る木（ちゃぶくばあさん）

下志津・五反目
グリーンバス「東邦大佐倉病院」南六百メートル

下志津集落の中心地から畔田方面への道に入って三本目の左に入る道を下ります。右側にエノキの古木があります。地元では「ちゃぶくばあさん」と呼ばれています。風邪をひいた時、茶筒にお茶をお供えして拝むと治ると信じられ、大切にされています。

「風邪の神の宿る木」とはどなたが命名したのか分かりませんが、すてきなネーミングなのでこの本でも追随しましたが、地元では通用しないと言われました。地元ではあくまで「ちゃぶくばあさん」なのです。

＊　＊

コラム

創作民話　隠し砦の上峠城跡

上山ひろし

下志津の農家を訪ねると、まわりに土塁をめぐらしている家が数多く見られる。

そのわけを聞いてみると、「はぁやっとがきて、さわぐからなぁ」—そんな答えが返ってくる。

何だかよくわからないが、とにかく「ありがとうございました」と帰ってくるが、東京出身の私には、農家の人の言葉が理解できなかった。

それは単に言葉の発音の問題なのか、それとも佐倉言葉なのか。

本当に佐倉言葉があるかどうかも分からないが、ゆっくりと、反復してみる。そして何回も繰り返すと、やっと意味が少しずつ、分かって来た。

すなわち「夜盗が来て、騒ぐからなぁ」と云うことらしい。

つまり、下志津地域にはかつて夜盗が来たことがあったらしいのだ。そう云えば、大口館や、他の家でも土塁が多い。

そこで初めて下志津で云われている上峠砦の伝承とつながるわけで、仮説でもある物語は、ここから始まる。

利根川は印旛沼と霞ヶ浦につながっている。利根川はたびたび氾濫して、ある時霞ヶ浦からやってきた水軍が、印旛沼の奥まった下志津にやって来た。

そしてやってくるなり、村の女子や、娘たちをさらい、穀物を盗み取って、水の引くのと同時に、盗ぞく水軍は去って行ったのだった。下志津村で一番きれいな娘・とく姫女(仮名)もさらわれてしまった。

▼上峠の台地が手繰川に張り出している。

以来下志津村では、上峠砦を造設して、隠し砦として、女性や子供を守る事にしたのである。

そしてさらわれてしまった・とく姫女をはじめ、娘たちのために、辯天様（池）を祀って、祈りの日々を欠かしたことはなかった。

その伝説は今日まで伝えられている。

隠し砦の上峠城は、佐倉西高校先の、さらに奥まった里山の中に、樹木や雑草の中に現在も健在で、カラ堀や、多くの土塁に囲まれている。

「夜盗をたおせ！　村の女、子供を守れ！」の合言葉が、今でも聞こえてくるようだ。

さらわれてしまった娘たちは帰ってこないが、祀られている辯天池は今は埋められてしまったけれど、小さいほこらとして、朝に夕に祈る村人の姿を見掛けることが出来る。

砦に出入りする道は、ネギチ（逃げ道のかくし言葉）とか、寝古屋道とかは、村では忘れられない合言葉として残されているのが、何か傷々しい言葉として感じられるのである。

ちなみに遺物は、縄文早期—中期の土器や土師器やその破片や、そして外郭構造遺跡の存在も確認されているのである。

（佐倉地名研究会『佐倉地名研究会だより』創刊号、平成一六年一〇月一〇日発行より）

なお平成二四年春、村長（むらおさ）の方から電話があり、いわれが分かったら、市で説明板を建ててくださる、とのことでしたので、資料を用意すると共に簡単な原稿を書いて村長さんにお届けしましたら、すぐに建ててくださいました。

6 下志津大口《おおぐち》の庚申塔

下志津・大口
グリーンバス「東邦大佐倉病院」南二百メートル

東邦大病院前から下志津の集落に向かう道の左手の土塁に石段があり、登ると庚申塔が二基祀られています。二基とも元は笠付きの青面金剛像で、左のものには「元文五庚申年十月日」（一七四〇）、右のものには「寛政十二年庚申十一月吉日」（一八〇〇）の銘があります。場所もよく、いつも明るい日差しに照らされています。

7 大口館跡

下志津・大口
グリーンバス「東邦大佐倉病院」南三百メートル

報恩寺と春日神社の間にある民家の一画が大口館址です。『佐倉市埋蔵文化財分布地図』によると「単郭構造で土塁が残る。中世」とあります。

生活の場ですから、敷地に入ることはできません。周囲の土塁などを観察するくらいに留めましょう。

8

春日神社

下志津八二三
グリーンバス「東邦大佐倉病院」南三百メートル

❷

❶

❹

❸

東邦大学医療センター佐倉病院から南へ、右に入る道を入り、三叉路を左に入りますと鳥居下の道にでます。逆に報恩寺脇から入ってきた道でもあります。目前の石段一四段を登ると鳥居です❶。祭神は天児屋根命（あめのこやねのみこと）。例祭日は九月一五日です。

貞和五年（一三四九）八月一五日の創立です。文政六年（一八二三）一一月再建。もとは春日大明神と称されていましたが明治元年四月、春日神社と改称されました。

本殿は銅板葺流造一坪、基礎に刻まれた銘から明治一三年に建て替えられたようです。

境内神社は、古峯神社❷、子安神社、八坂神社❸、戸隠神社❹ですが、境内にはそのほか天満宮、八百稲荷神社が祀られています。

鳥居は平成二九年一二月、しづが原まちづくり協議会のハイキングで訪れた時、新築工事をしていました。

社殿前左右の高さ一・五メートルある鹿絵の奉納石碑は元治元年（一八六四）、鳥居下の手洗い石は文政一〇年（一八二七）、石段下の石仏・如意輪菩薩像は宝暦一三年（一七六三）のものです。

保存樹になっている高木に囲まれた広い境内の空間にはほっとさせられます。

◇斎藤塾筆子建立の天満宮碑 ❶

社殿の右手裏に天満宮が祀られています。台石に「筆子中」とあります。斎藤塾の筆子たちが建てたものです。

下志津に斎藤塾という私塾がありました。

承応二年(一六五三)、斎藤佐渡掾藤原貞恭が神官に補職された際、付近の青少年に読書と算盤を教えたのがその始まり、といわれています。

どこの塾でも菅原道真の命日に当たる二五日に天神講を行っていました。

◇八百稲荷神社 ❷

八百もの稲荷を祀ったものは珍しいものです。裏の銘文で、下志津の射撃場拡張を機に建てられたということが分かります。

❶

❷

9 報恩寺（だるま寺）

下志津八四一
グリーンバス「東邦大佐倉病院」南五百メートル

臨済宗妙心寺派で、大雄山と号します。本尊は釈迦如来で、創立は一四世紀前半です。

開基は志津次郎胤氏(たねうじ)で、開山は夢窓国師です。開山が夢窓国師と書きますと、「おや」と思う方がいらっしゃるかもしれません。『印旛郡誌』や『佐倉市史』にはこの寺の開山は、圓応寺二世道庵和尚と書いてあるからです。しかし『全国寺院名鑑』には夢窓国師と書いてあります。

単純に考えて、開基が志津次郎胤氏なのに開山が道庵和尚というのは年代があいませんので、どう考えたらいいのでしょうか。

ご住職の太田宗樹さまにお会いしてお話をお伺いしました。ご住職によりますと、「志津次郎胤氏が、寺名のとおり恩に報いる為に、つまり父母の為に、夢窓国師を開山として創建した寺である」とのことです。

その戒名は「報恩寺殿覚源窓夢禅定門」「大雄院殿天室壽香禅定尼」となっていて、寺域内に塚がふたつ築かれています。戒名に報恩寺殿とあるのは、その人がこの寺を創ったか、またはその人の為にこの寺を創ったか、ということです。その後臼井行胤（のちの興胤）は、足利尊氏の力により、志津次郎胤氏から領土を奪い返した（一三三八）ためにその子である道庵和尚が、この地を再度開山（一四世紀後半）し、現在に至っている、というわけです。

　堂宇は太平洋戦争の末期、昭和二〇年二月一九日のアメリカ軍B29による下志津空襲で炎に包まれ、焼け落ちました。そのため記録等は失われてしまいましたが、幸いにもご本尊は、当時のご住職の奥様が抱えて助け出し、無事でした。

　現在の堂宇は昭和五九年に再建されました。境内には歴代墓所や大師堂のほか、聖観世音菩薩立像や六地蔵、妙心寺参拝記念碑、秩父巡拝塔等、興味深いものがたくさんあります。

　なお、この寺は「だるまさん」の寺です。本堂には沢山のだるまさんが奉納されています。

◇山門の山号額、本堂の寺号額

　昭和五九年に新調したもので、千葉県を代表する書家・金子聴松先生の書です。お弟子さんたちが見学に来るそうです。

◀団体客をいつも温かく迎え入れ、仏さまのお話などしてくださいます。

◀このお写真はお寺さまからご提供いただきました。

坐禅会

毎月第一土曜日午後六時から坐禅会を行なっています。お子さんから年配者まで、大勢の方が参加されております。女性の方もたくさん参加されています。

だるまさん、竹細工、坐禅会—ご住職は、現代に生きる人々がお寺で非日常的な空間を持つことの大切さを考え、実践されているのです。

だるまさん

本堂の高いところにずらりとだるまさんが奉納されています。そう言えば山門横にも並べられていました。ご住職の奥様にお話をお聞きしました。

「お正月三が日に初詣においでになられた方にだるまさんを一家にひとつ、差し上げています。

お家で片目を入れて家内安全などを願ってお祀りしていただきき、一年経ったら満願かない、両目を入れてお寺に奉納していただき、新しいだるまさんと交換します。」

「どうしてだるまさんなんですか?」

「お寺には達磨大師をお祀りしています。ご本尊はお釈迦様ですが、禅宗の宗祖である達磨大師をお祀りしていますから…お家で両目を入れていただき帰ってくるわけですが、その目の入れ方もそれぞれのご家庭でさまざまで、よく見ていただくと表情がいろいろで、豊かです。」—お寺とそれぞれご家庭との深くてなごやかな結びつきを感じさせられるお話でした。

＊　＊

後日、ご住職にお話をお伺いした時にもだるまさんに話が及びました。

だるまさんは本堂の中、仏様に向かって三方の鴨居の上から天井までぎっしりと奉納されています。現在は外側にも並べており、奉納されましただるまさんは、本堂の中、外あわせて四千体（平成三〇年一月現在）を超えております。本堂が再建された昭和五九年から始めました。

「あなたの気に入っただるまさんをひとつ選んでください。それがあなたです。戒名をもらい、お寺で勉強し、仏になった（成仏した）姿です。ですから、仏様と同じ高い所にいられるのです。

仏教とは、ほとけさまのおしえ、と書きますが、仏になれる教えなのです。」

◀写山中弘信氏（❶❷とも）

〈境内の石仏〉

六地蔵 ❶

山門入ってすぐ、左手に屋根つきで守られて祀られています。

両側には大降りな如意輪観音が祀られており、六地蔵はそれに守られるかのように並んでいます。台座に「嘉永七寅年（一八五四）十月奉彫刻」とあります。

秩父巡拝塔群

六地蔵の前に江戸期のものが五基、山門を入ってすぐ、右手の奥に一六基と、二ヵ所に祀られています。

六地蔵前のものは文政二年（一八一九）、天保三年（一八三二）、天保一四年（一八四三）、文久元年（一八六一）、文久三年（一八六三）のものです。

保存のよい天保三年のものは、大きさが、高さが台石ともで八〇センチ、幅三〇センチ、奥行き二三センチです。

山門右手のもので一番古いものは弘化四年（一八四六）のものです。文字塔です。高さは台石ともで八六センチ、他は明治期のものが五基、大正期のもの二基、他は昭和期です。

一番新しいものは昭和五九年に建てられています。

妙心寺参拝記念碑 ❷

山門右の秩父巡拝塔群のかたわらに「大本山妙心寺参拝記念碑」が三基建てられています。いずれも開創六百五十年とか六百年等に参拝した記念に建てられたものです。

昭和三五年のものには正面に「京都近江八景奈良伊勢二見津高野山大阪」と行程が書いてありますが、興味深いのはその奥にある昭和二年の本山参拝記念碑で、裏側に「参拝行程概要」が細かく記されています。「廿日暁明出発十一時臨時列車ニテ東京駅発車午後九時過名古屋ニ着」云々という調子です。参拝の目的は「第二世圓鑑国師五百五十年遠忌大法會ニ参拝」とあります。

10

浅間神社

下志津・弁天
グリーンバス「東邦大佐倉病院」南一キロ

下志津に春日神社があることはよく知られていますが、もうひとつ、浅間神社があると聞いてさっそく訪ねました。志津公民館まつりで志津郷土歴史同好会さんの展示を見て知ったのです。

略図によると五反目の道祖神のところを入ったところ、ということでしたが、展示図が不正確だったのか、私のメモが不充分だったのか、すぐには分かりませんでした。それでもういちど道祖神のある角から入り直し、突き当たりを左に折れてみました。山林の中の山道で、落ち葉が堆積して人の通る気配がありません。しかし、行き先に軽トラックがとまっていて、人がいました。

こんなところに車が、と不審に思いながら近づきました。相手の方も、こんなところに入ってくるのは誰だ、といった感じで立ちどまってこちらを見ています。

そこで「この辺りに神社がありますか」と声を掛けると驚いた様子で右の林を指して言いました。

「ここだ。ここだよ」、見ると林の中に小さな建物がありました。

とても神社のようには見えませんでした。しかし近づいて見るとその建物の奥に大きく立派な木の鳥居がありました。

そしてその方が「ここはうちの氏神様だよ」とおっしゃったので、今度はこちらが驚かされました。

「ああ、逆の方から入ってくればすぐにわかったんですね」と言うと、その方は私を林の中に招き入れながら「この神社は向こう側が正面なんですよ。表参道は向う側です」と言いました。

この建物には社殿に本殿が組み込まれていました。前には朽ちた鳥居がありました。「昔はこちらが参道です。少しは道らしくなっているでしょう」。そこはなだらかな林の斜面になっていました。「ほれ、神社は高いところに登ってくるようになっているでしょう」。なるほど、しかし素人にはそれが参道か、ただの林なのか見分けがつかなくなっていました。

この方、松戸正直様のお話によると、この神社は、御幣がこの地に飛んできたので、松戸さんの先祖がここに祀って建てた、と言い伝えられているそうです。創建年代は不祥ですが、三、四百年にはなるでしょう、とのこと。

祭礼は、昔は春日神社が三月一日、こちらは三月の申（さる）の日だったそうですが、今は三月一日に春日神社といっしょにやっている、とのことでした。

土地の人々には安産の神さま、子育ての神さまとして信仰されています。松戸さんが、鈴とともにさげられている赤や白の布を開いて見せてくださいましたが、それは安産を願って奉った方のお名前が書かれたものでした。

石碑があるわけでなし、林の中に、ただ鳥居と神社だけという素朴さがなんともいえない味わいのある神社でした。（以上は平成一〇年取材）

＊　＊

平成三〇年二月、写真撮影のため再訪しました。道はきれいに整備され、神社の入口に赤い鳥居が立っていました。

11 下志津の薬師寺（堂）跡

下志津一〇七一
グリーンバス「矢橋」南一キロ

矢橋から下志津の中心地に向かう道、報恩寺さんの手前で南に入ると下志津自治会館があります。ここに薬師堂がありました。

昭和二〇年の下志津空襲で焼失。その後お堂は再建され、焼け跡から救い出したお薬師様をお祀りしていましたが、昭和六二年二月、お堂を改修して集会所にした際に、新しくこの薬師如来坐像を造り、お祀りしました。

その後このお堂兼集会所は老朽化のため建て替えることになりました。平成二七年一二月、新しく自治会館が建設され、お薬師さまは会館内に安置されました。

＊　＊

平成三〇年一月二九日、本書の編集にご協力いただいている山中弘信様といっしょに、下志津自治会

▲参拝できるように、昼間は雨戸を開けています。

館建設委員長として会館建設にお骨折りされた斉藤克男様をお訪ねしました。

お薬師さまのお写真を撮らせていただきたいとお願いすると、じゃあすぐ行きましょう、とお仕事の手を止めて同道してくださり玄関を開けてくださいました。

会館なので雨戸は閉まっているものと思っていましたら、建物中央の雨戸が開いていて、日中はお薬師さまを拝むことができるようになっていました。

いつでも誰でも参拝できるように開けている、とのことで、地域の方々に大切にされていろことを実感しました。

◇ 僧侶墓石

敷地に入って右奥に二基の石仏が建っていますが、左のものが僧侶の墓石です。右に「宝暦甲戌天(一七五四)」、中央に「〇阿闍梨権大僧都秀恵義勧上人」、左に「正月廿六日」とあります。

12 薬師寺奇妙井戸跡地碑

下志津・大西
グリーンバス「矢橋台坂下」南四百メートル

下志津台地の西のへり、谷津田沿いの山道を歩いていましたら山側に「薬師寺奇妙井戸跡地碑」と書いた石碑を見つけました。いったいこれは何だろうと思い、調べてみました。

場所は矢橋のコンビニの南、約四百メートルのところです。石碑の大きさは、高さ一・三メートル、幅六三センチ、台座の高さは二五センチ、御影石造りの立派なものです。

まん中に「薬師寺奇妙井戸跡地碑」とあり、下に発起人と寄進者一六名の名が刻まれています。その大半は女性の名で、「昭和六十一年五月吉日建立」とあります。「薬師寺」というのは、この台地の上にある薬師堂（11）のことですが、「奇妙井戸」とは？

「おおむかし、ここに清らかな水の湧く井戸がありました。あるとき村人が覗くと、井戸の中に薬師如来さまのお姿がありました。

村人は驚き、村の人々を呼んできて、皆で薬師如来さまを井戸から引き上げ、お堂を建ててお祀りしました。」

「奇妙な事があるものよ―そこで村人はこの井戸を「奇妙井戸」と呼ぶようになりました。この井戸の水は病によく効き、特に目の病によく効く、と重宝されました。」「目の悪い人はここで水をもらって帰り、目を洗いました。病人がでるとこの井戸に一週間とか、十日間とか、願（がん）を掛けに通ったそうです。」と、これは道端でお会いした老婦人、Aさん（七八歳、取材当時）のお話です。

Aさんは母親のBさん（昭和二五年没）から聞かされた、とのこと。Aさんは二四歳で嫁ぎ、現在は八千代市にお住まいで、ときどき子守りで実家に帰ってくる、とのこと。

行きずりの道端で、まるでタイムカプセルを潜り抜けたように新鮮な、貴重なお話を聞き採ることができました。

＊＊

薬師堂を訪ねました。境内の落ち葉を丹念に掃き清めていたC様（七五歳・取材当時）が、薬師堂の戸を開けて中へ案内してくださいました。（取材は平成一〇年頃）

建物の真ん中が仏壇になっており、立派な薬師如来坐像が安置されています。空襲に遭い、薬師堂は炎上、お薬師様は長らく失われたままでしたが、昭和六二年二月に集会所を建てた時にお像を安置したそうです。（平成二八年、新築の自治会館に安置）

Cさんに、奇妙井戸跡地碑に書いてある発起人のどなたかにお会いしたい、と言うと、前のお家がその一人、と教えてくださいました。

Dさん（七五歳・取材当時）にお話をお伺いしました。井戸の位置は、今の石碑よりやや北の道下にあったそうです。

「お薬師様の奇妙な井戸と言って、ご詠歌（ごえいか）に詠われているありがたい井戸で、主に堂の内の人が汲んで使っていました。

ところがこのあたりを耕地整理した時にこの井戸を埋めてしまったところ、耕作人のお家や村内に不幸が続き、これはあの井戸を埋めてしまったたたりなのでは、ということになり、供養しなければ、と、みんなで話し合ってこの供養碑を建てることになりました。」とのことです。

＊＊

路傍にたたずむなにげない石碑も、調べてみるとこんなに興味深いお話を秘めているのです。

なお、「奇妙」というのは間違いで「帰命」とするべきである、という説もあります。

13

下志津木戸場《きどば》の大師堂

下志津一四三九
グリーンバス「東邦大佐倉病院」南一・六キロ
グリーンバス・内陸バス「大日今宿」北八百メートル

木戸場梵天塚の西奥、前原様のお宅のお庭にお大師さまが祀られています。

佐倉の大師まいり・六崎組十善講が巡礼する札所に選ばれていて、毎年四月に巡礼の一行がやってきます。前原家では接待をしています。

本書掲載のお許しを得るため平成三〇年一月二九日、訪問、ご当主・前原節夫様にお話をお聞きすることができました。

私の家はここで四代目ですが、代々お大師さまを大切にお祀りしてきました。私が若い頃の記憶ですが、祖父はお大師さまを背負って巡礼していましたよ。

大師堂のうしろにあるあの梅の木の樹齢は約百五〇年位になります。

六崎組十善講とは

四国の八十八ヶ所霊場巡りを模した佐倉の大師参りです。佐倉市を主体に四街道北部、酒々井町西部、千葉市若葉区に札所があります。札所設定は九七地点で、志津地区ではほかに報恩寺、宝樹院、手繰不動尊（旧林性寺跡）を巡礼します。

巡礼は大回りと小回りがあり、大回りは四月八日から九日間連続、小回りは六月以降毎月弘法大師空海の命日である二一日に九ヶ月かけて一巡します。

五穀豊穣、先祖供養、健康祈願、自分探し―、心の拠り所として継続されています。各地に大師講がありますが近年急速に衰退・消滅傾向にあり、佐倉周辺で旧様式を維持しているのは千葉寺、六崎組、吉橋組など数団体と思われる、とのことです。

佐倉地名研究会会誌掲載の伊藤清さんの論文を参考にさせていただきました。

14

下志津墓地所在の地蔵菩薩像

下志津・弁天
グリーンバス「東邦大佐倉病院」南一キロ

下志津集落の南北を貫く道半ば、道沿い墓地の端にあります。

15

木戸場の梵天塚《ぼんてんづか》

下志津一四三五−一
グリーンバス「東邦大佐倉病院」南一・六キロ
グリーンバス・内陸バス「大日今宿」北一・二キロ

下志津ふれあい会館の裏手にあります。高さ約二メートルの台地の上に出羽三山碑が二四基建てられています。一番古いものは寛文四年（一六六四）のもの❶です。これは「千葉県内の出羽三山碑中二番目に古い」と、『ふるさと志津　歴史ひとり歩き』は記しています。大きさは、高さ九八センチ、幅二九センチ、厚さ一七センチ、台座の高さは三五センチです。

この碑群には、「戦勝祈願」（昭和一七年）とか「講話記念」（昭和二六年）、さらにはオリンピックマークがあるもの（昭和三九年）や、「官幣大社」「国幣小社」と書かれたものなどがあり、研究者からも注目されています。

造立年代は、寛文、寛政、文化、文政、天保、弘化のものが各一基ずつ、明治のものが五基、大正が一基、昭和が九基、平成が一基です。

このうち寛政一〇年（一七九八）、文化一三年（一八一六）、文政七年（一八二四）、天保二年（一八三〇）、弘化三年（一八四六）のものは、元は大西の志津テニスコート場内にあったものです。

真ん中に地蔵菩薩像、右に「奉造立地蔵菩薩為菩提」、左に「寛延二己巳（一七四九）二月吉日」とあり、台石には施主の名が一五名書かれています。大きさは、高さが台石ともで一二三センチ、幅三二センチ、奥行二二センチ、保存がよく、周辺の方々に大切にされています。

修復なった木戸場梵天塚▶

❶

木戸場の梵天塚修復物語

この梵天塚には二本の大木がありました。平成二一年の台風で倒れ、たくさんの出羽三山碑が倒れたり傾いたりすると共に、大枝が隣接の会館の屋根に倒れるなど、大被害をもたらしました。

「村」では木を切り、倒れた石碑を起こし、修復しました。ところが平成二三年三月の東日本大地震で再び多くの石碑が倒壊しました。危険です。村では本格的な保存工事に取り組むことになりました。

石碑をクレーンで塚下に下ろし、塚上をブルドーザーで整地し、基礎を造り、その上に石碑を建て直し、コンクリートで固めました。

工事は五月の中頃から開始され、六月中頃に終了しました。私が工事に気がついたのは、五月下旬に車でふれあい会館前を通った時のことでした。そこで下志津区の相談役であり下志津ふるさと会の会長である斎藤克男様をお訪ねし、お話をお聞きしました。

危険なので村内に四つある出羽三山講の代表に集まっていただき相談。区(自治会)や農家組合にもご協力をお願いし、本格的な修復工事をする運びになった、とのことでした。

二度にわたる災害を経て、梵天塚には「百年の計」が図られたのです。

工事には莫大な経費が必要となります。このような修復工事を「村」の皆で相談し、お金を出し合って推進したのです。石造文化財の保存はややもするとなおざりにされかねませんが、こうして「村」の文化財をしっかりと守った「村」の方々に、敬意を表したいと思います。

〈工事の風景〉

▲石碑を下に下ろして

▲整地

▲コンクリートの基礎

▲完成

16 陸軍砲兵射的学校の境界石

下志津一四二八
グリーンバス「東邦大佐倉病院」南一・五キロ
グリーンバス・内陸バス「大日今宿」北一・三キロ

花島さん宅角の道路脇に不思議な石柱があります。天部に+印のある境界石ですが、よく見ると側面に、「校」という字が刻印されています。

平成二五年一月、佐倉地名研究会志津部会が下志津調査の際に発見、明治期に下志津原にあった旧陸軍砲兵射的学校のものではないかということになり、同校の関係石材であることを花島様に確認しました。

高さ三〇センチ、幅一五センチの石柱です。

旧陸軍砲兵射的学校は明治一九年に下志津原に創立され、明治三〇年に四街道に移転しました。昭和四〇年、現地に「日本砲兵揺籃の地」という石碑が建てられました。

が、明治から百年を経て学校の跡を示すものは何一つ残っていませんでしたので、これは「世紀の大発見」ということになりました。

＊　＊

平成三〇年一月二九日、本書掲載にお許しをいただくため花島家を訪問しました。

祖父の時代に学校周辺から移動してきたもので、そのうちの一つを今の当主が、道路曲がり角の安全のために今の場所に設置したそうです。

17 下志津庚申塚の庚申塔

下志津・庚申前
グリーンバス・内陸バス「大日今宿」北五百メートル

場所は、バス停「大日今宿」北五百メートルの三叉路です。庚申塔二基に屋根が架けられ、大切に保存されています。右側は刻像塔で、像容はいたってシンプルです

が、一猿一鶏が描かれた珍しいものです。文字は右に「奉造立為二世安楽」、左に「□宝四年丙辰八月吉日」とあります。造立年は最初の字が欠けていますが、延宝四年（一六七六）です。

　左側は文字塔で、万延元年（一八六〇）の造立です。右側面に造立者の名が刻まれています。

　二基とも刻まれた字が風化で判読しにくくなっており、以上は私が判読したところですが、大丈夫でしょうか。

18 日本砲兵揺籃の地（砲術演習場跡）

下志津原一八六―一北隣
グリーンバス「富士見が丘」北三百メートル
グリーンバス「南中野」東南六百メートル

　志津駅南口または勝田台駅南口から西志津経由四街道駅行のバスで約八分、「富士見が丘」で下車します。信号のある十字路を左折し北へ約二百メートル、飯田車体工業の隣の一画に「日本砲兵揺籃の地」と書かれた高さ約一・八メートルの立派な碑が建てられています。
　碑の裏面には記念碑建立の由来が書いてあります。かたわらに佐倉市が建てた説明板があります。それらによると、「佐倉藩は幕末に洋式砲術高島流を取り入れ、この地で演習や試打を行なった。明治六年政府が招聘したフランスのルボン砲兵大尉は、藩士大築尚志が築いたという射だ（しゃだ＝土手）を増築し、南北三千メートル、幅三百メートルの射的場とし」「初めて砲術を伝習させた」とあります。
　さてここから説明板の文章はたいへん興味深くなります。「明治十九年、ここに陸軍砲兵射的学校が創立され、付近には料理屋、旅館などの街が作られ、下志津原一丁目とよんだという」と。

＊　＊

　つまりこの地は幕末に佐倉藩士大築尚志が藩の砲術練習場として造りました。明治六年、明治政府に招聘されたフランスのルボン砲兵大尉がこれを現在の四街道駅の手前までの南北三千メートルの射的場に増築し、砲術を伝習しました。

　現在の四街道のイトーヨーカドーの手前、四街道市文化センターの西隣にある山は一名「ルボン山」（正式名・大土手山）と呼ばれ、射的場の射だ（射撃の目標）です。

＊　＊

　この射的場の北の端、下志津原に明治政府は明治一九年、陸軍砲兵射的学校を創立しました。明治二七年、四街道に総武鉄道が開通しました。このため、明治三〇年、砲兵射的学校は四街道に移転しました。場所は現在のイトーヨーカドーの北隣、ルボン山の近辺です。

　つまり射撃は、以前は下志津原から四街道方向に打っていましたが、一転、今度は向きを変えて、現在の四街道駅前から現在の下志津方向へ打つようになったのです。

　なお、この射的場は後に数次にわたり周辺各地に広範囲に拡大されて、陸軍の「下志津演習場」として存在し、太平洋戦争の終結とともに廃止されました。

砲兵射的学校の移転

「従来の発弾地は逆転して砲弾の落下地となり」「商家の殆は学校に付添う如く四街道に移転、農家は内黒田、栗山、四街道、下志津新田、木戸場方向に土地を求めて移転した」。「弾着地となったこの地域（今宿）は毎日のように砲煙弾雨に晒され、砲弾の炸裂で野を焼き、地表は刳り炸（えぐり さけ）弾痕の丘に変貌した」。（『大日開拓誌』より）

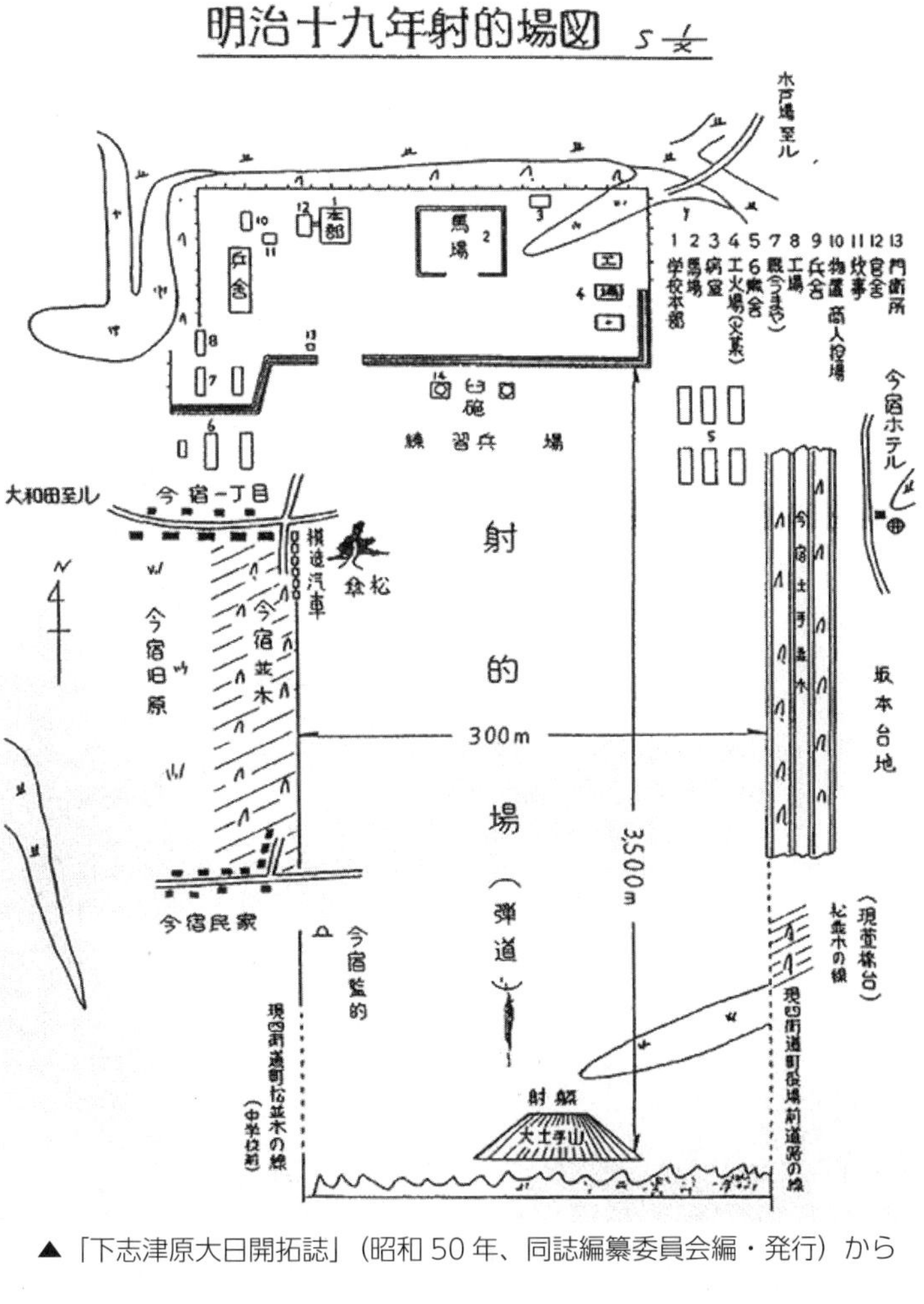

▲「下志津原大日開拓誌」（昭和 50 年、同誌編纂委員会編・発行）から

■大規模団地の出現　中志津

19　中志津（旧名・角栄団地）

京成「志津」南二百メートル～バス「南中野」ほか

志津丘陵約二五万坪を切り開き、約四千戸、下水道完備、各戸水洗トイレ、天然ガス敷設、という角栄団地の建設は、大規模団地のさきがけとして画期的なもので、評判になりました。

なにしろ団地内には保育園、幼稚園、小学校、中学校、集会所などの公共施設がそろい、バスが走り、下水道完備、各戸水洗トイレ、ここでは夢のような、衛生的で文化的な暮らしができる、というのです。

昭和四〇年七月着工。以後十数次にわたる着工計画を経て、大規模団地が実現しました。あれから四〇年、今ではすっかり成熟した街になりました。

平成一〇年三月現在で三六三七世帯、人口一〇八〇三人です。

＊　＊

中志津商店街の賑わいは地元作家の小説の中でも活写されています。（後述）

商店街の様子は近年、社会環境の変化の中で様変わりしましたが、中志津の暮らしそのものは自治会を中心とするみんなの努力で、住みやすく暮らしやすい、満足度の高い街が実現しています。

小説に描かれた中志津

「午後三時ごろ、迪子は弘志と麻子を引きつれて、団地の中ほどにあるショッピング・センターへ買いものに行く。（中略）八百屋や魚屋の店員が、店先に立って、威勢のいい声で客を呼んでいる。迪子は…」（第一七回群像新人文学賞受賞作・飯田　章「迪子とその夫」から）

中志津のあゆみ
志津が原の丘陵25万坪を切り開く大規模開発

昭和40年	7月	角栄団地の建設、着工される。
41年		第一次入居始まる。
42年	6月	下志津小学校校舎竣工。(4月開校)
43年	9月	角栄団地内バス路線開設。
43年	11月	中志津自治会設立。
44年	4月	角栄幼稚園開園。(〜平成9年3月)
46年	6月	自治会会員世帯2,000戸を突破。
48年	4月	上志津中学校開校。わかば幼稚園開園。
49年	7月	南志津小学校開校。
50年	4月	南志津保育園開園。
52年	5月	住居表示実施。(上志津の一部と下志津の一部が中志津となる)
平成5年	11月	青少年コンサート開催。(ミュージックフェア)
8年	7月	上志津中学校神輿集会開催。
20年	11月	自治会創立40周年記念式典開催。

(『わがまち中志津　30周年記念誌』などから)

■市外

20

川口為之助《ためのすけ》の銅像

千葉市・羽衣公園
都市交通モノレール「県庁前」北すぐ

上志津「遭難者追悼の碑」(128頁参照)に名前のでてくる川口為之助とはいったいどのような人物なのでしょうか。調べてみました。

志津村・上志津の生んだ千葉県の郷土の人物です。千葉市の千葉県庁前の羽衣公園に大きな銅像があります。たまに県立中央図書館に行くことがあり、県庁を通り抜けるとき右手になにやら大きな銅像のあることは知っていましたが、最近までそれ以上の関心を持ったことはありませんでした。

しかしある日何気なく銅像に近寄って裏側にある「建立の記」を眺めていましたら、この人物が志津村の人だと分かって大いに驚きました。

初代民選千葉県知事川口為之助氏の銅像は、県庁前羽衣公園のちょうど千葉県警察本部の建物と道路を隔てて正対する位置にあります。高さは台座とも

でなんと六～七メートルはあろうかと思われる大きなものです。

　正面に「初代民選千葉県知事　従四位勲三等　川口為之助先生の之像」とあり、裏側に「建立の記」が記されています。

　それによると、「川口為之助先生は　明治十四年十二月五日　印旛群志津村豊田家に生れ　のち川口家に入り　昭和二十二年には初代の民選千葉県知事に当選され　終戦後の混乱時代を処理し、軍事占領下の困難な県政を円満に遂行して本県開発の基礎を固められた」とあります。

　平成七年に『千葉日報』に連載され、のちに出版された土屋秀雄著『今だから語れる戦後史秘録』によると、初めての知事選の候補者選びは紆余曲折のあと人格、識見ともに兼ね備えた川口氏に白羽の矢が立てられた、しかしもともと私欲のない川口氏は枯淡の境地で平和な余生を送っていたので「いまさら私の出る幕ではない」と固辞、自由党の候補者選びは行き詰まってしまった。

　しかしこれを伝え聞いた追放中の川島正二郎氏が「構わないから立候補届けを出してしまえ」と指示した、とあります。

　昭和二八年参議院議員に当選。昭和三七年二月二三日死去。享年八〇歳。

志津地区の文化財

佐倉市公式ウェブサイト（佐倉市指定・登録文化財一覧表）から（平成二九年五月現在）

一、国指定文化財
井野長割遺跡　〈井野（史跡）〉
二、千葉県指定文化財
飯郷作遺跡　〈下志津（史跡）〉
上座貝塚　〈上座（史跡）〉
三、佐倉市指定文化財
鷲神社の鳥居　〈先崎（有形文化財　建造物）〉
鷲神社本殿　〈先崎（有形文化財　建造物）〉
刀　細川忠義作　〈西志津（有形文化財　工芸品）〉
刀　細川忠正作　〈西志津（有形文化財　工芸品）〉
金銅五鈷杵　〈井野（有形文化財　工芸品）〉
先崎地蔵尊　〈先崎（有形民俗文化財）〉
青菅のどんどれえ　〈青菅（無形民俗文化財）〉
鷲神社のケヤキ　〈先崎（天然記念物）〉
青菅の大塚・小塚　〈宮ノ台（史跡）〉
四、佐倉市登録文化財
蕨家住宅長屋門　〈先崎（有形文化財　建造物）〉

志津地区の保存樹

佐倉市公式ウェブサイト（佐倉市名木・古木・樹林・草地等保存選定一覧表（公開用））から（平成二六年三月現在）

鷲神社境内木　〈先崎（スギ　ほか）〉
青菅正福寺境内木　〈青菅（スダジイ）〉
小竹水神社境内木　〈小竹（スダジイ　ほか）〉
四社神社境内木　〈小竹（タブ　ほか）〉
グミの大古木　〈小竹（俵グミ）〉
宝樹院境内木　〈上座（サザンカ）〉
熊野神社境内木　〈上座（シイ　ほか）〉
千手院境内木　〈井野（スダジイ　ほか）〉
村山宅の古木　〈井野（ムク）〉
天御中主神社境内木　〈上志津（ケヤキ　ほか）〉
上志津西福寺の境内木　〈上志津（ケヤキ　ほか）〉
小沢家の古木　〈上志津（ケヤキ）〉
上志津の榎　〈上志津（エノキ）〉
報恩寺境内木　〈下志津（サザンカ）〉
熊野神社境内木　〈下志津（シイ　ほか）〉

調査ノート①

（旧版）初版（平成十二年七月）
第二版（平成十三年四月）

志津研究―ここ十年の進展

「大和田もこへて、臼井にいたり」―仮名垣魯文の『成田道中記』ではありませんが、私が志津のことに興味をもって調べ始めた昭和六一年頃には、志津について書かれたものはほとんどありませんでした。

「あとがき」に触れた上志津原町会広報紙の連載「上志津原とその周辺の史跡と名所」の時には参考資料はほとんどなく、すべてお聞きして歩くしかありませんでした。連載終了後調査対象を志津全域に広げた時も、志津について書かれたものはなにもない、という印象を強くしました。

こうして私の史跡探訪は、都市地図を開いて神社や寺院のマークを探し、行ってみる、という文字どおり原始的な、素朴な行為として始めることになりました。

仕事人間の悲しさとでも言いましょうか、その後私の調査活動は事実上中断していました。

しかし、志津に関して公開、公刊されるものには注意深く目を向けてきました。今回ふたたび調査を再開し、これらの資料を紐解いて、志津に関する調査研究がおおいに前進していることを感じさせられました。

志津郷土歴史同好会さんは志津公民館まつりで研究の成果を毎年展示発表されてきました。

私は毎年それを見るのが楽しみでした。同会は平成八年に『ふるさと志津　ひとり歩き』という歴史マップを作成して公刊されました（当時の会長は上山ひろしさん）。ひとつひとつの説明は二〜三行で短いものですが、これは画期的なお仕事でした。

『佐倉市史研究』第六号から研究論文を〈投稿〉されている八重尾等さんのお仕事は貴重です。

自ら漢詩をものにする八重尾さんは漢文に造形が深く、

先崎にて（佐倉地名研究会）

小竹にて（写 飯田富雄氏）

明治期に建てられた記念碑を次々に解読して紹介してくださいました。

志津在住でこのほど佐倉市文化財保護審議会の委員になられた長典子さんは、志津の民俗について調査研究を蓄積され、その業績は学術的に高く評価されていることと思います。

長さんと言えば志津風土記の会の活動をなさっていた頃、調査紀行で私もたびたび自転車でお供させていただきました。平成一二年二月には志津公民館の講座で志津の民俗行事の、おびただしい数のスライドを見せてくださいましたが、今では途絶えた行事の記録も多く、素晴らしいものでした。

井野の辻切りについてはその後、『佐倉市史研究』第一二号と『風媒花』第一五号で詳しく紹介してくださっています。

『志津公民館だより』に平成元年から連載された「しづの民俗」も楽しみでした。執筆は当時の志津風土記の会の皆さんによるもので、中野公子さん、山崎一夫さんのお名前があります。

写真家でもある志津風土記の会の山崎一夫さんがこれまで撮り続けてこられた志津地区の民俗行事の写真は貴重です。今ではすでに絶えてしまった行事の記録も多いのです。その映像は将来、志津地区の貴重な文化遺産になるのではと思います。

最近図書館のロビーで手にする宮ノ台女性井戸端会議の『すてきなあなたへ』には、観察のしっかりした史跡レポートが連載されています。

ここ一〇年間、志津に関して書かれたものが随分増えてきました。嬉しいことです。

志津研究はこれから

ところで私は平成一〇年度志津公民館のしづ市民大学しづ学入門講座を受講しましたが、そこで初めて井野在住の郷土史家・高橋三千男先生の講話をお聞きする機会を得ました。

フィールドワークでは地元の人しか知らない林の中の抜け道を通り抜けたり、この木の実は甘くてうまいと口にしたり、まさに志津の一木一草まで知り尽くしておられるようでした。

高橋先生といい、長先生といい地元にこんなに立派な先生がいらっしゃることを知ると、私がこんな本を作るのはおこがましい気がしてきましたが。

初心貫徹。というのは、いろいろ立派な方がいらっしゃって、熱心な調査研究が行なわれ、その成果が蓄積されているものの、志津に感する調査研究はまだまだ始まったばかりだと思うからです。

例えば、「志津村」の様子はどうだったのでしょうか。

志津村は消えて無くなったわけではなく佐倉市に併合されたのですから、その記録や文書は残っているはずですし、それにより志津村の歴史はある程度解明できるのではないでしょうか。

例えば、江戸時代の各村々の様子はどうだったのでしょうか。どこかで名主等のお家に残る文書を確保し、調査研究を進めておられると思いますが。

例えば、この原稿を書いていても、この点はどうなんだろう、あのことは？と疑問は次々に生れるばかりです。石仏にしても、しっかりした悉皆調査の必要を感じますし、その上での比較検討の必要性を感じます。

民俗については、別に志津風土記の会や個人による立派な調査研究があり、この本の守備範囲にはしていませんが、それにしても私も地元の方にもっとじっくりお話をお聞きしておかなくては、という思いは強く感じます。

要するに、志津の調査研究はこれからなのだ、と思います。その意味でこの本は、志津に関する調査研究のひとつの手がかりにしていただければ、と思います。

(上) 井野にて
(下) 小竹にて
(写山中弘信氏)

文化財を守るために

最後に、文化財を訪ね歩いて感じたことを率直に述べておこうと思います。

多くの文化財が、地元の方々によって大切に守られています。その有り様を見るとほっとします。その多くは、今の生活や地域の中で、習俗としてしっかりと生き続けているのです。

しかし、これからどうなるのか、心配なものも少なくはありません。「私たちがいなくなったら、もう、だめだべ」―若い人にしっかり継承されているものもあれば、そうでないものもある、ということです。

大切に守られているものの一方で、文化財が心配な状況にあるという場合も少なからずお見受けします。これらは決して地域の人々から忘れ去られたわけではないと思うのですが、なにかきっかけがないと、地域の知恵と力だけでは守りきれないのだと思います。こうしたものをどうやって守っていけばいいのか、課題だと思います。

一〇年前に調査していた時ある旧村で、数年前に念仏講がなくなった、という話を聞きました。そして今回もある旧村で同じような話を聞きました。「講」がなくなっていく―自然に任せればそうなっていくのも仕方ないことかもしれませんが、なにか、継承を励ます手だてはないのでしょうか。

先崎、青菅、小竹、上座、井野、井野町、上志津、下志津、上志津原、下志津原―志津地区はまだどこも自然と風土がすてきなところです。

身近な「地域の中の文化財」の実情にふれ、地域とともに考える―この至らない本が、そんなきっかけになれば幸いです。

追記―調査の風景

夏に訪れた時には草に覆われ、写真を撮影時に手前の草を鎌で刈り取らなければならなかった庚申塔が、冬に訪れた時にはきれいさっぱり、遠めからもあらわで目を見張る思いがしました。

一二月、井野では八社宮の森の周辺や切り通し、屋敷まわりのあちこちで落葉掃きなどの清掃作業が行なわれていました。掃き集めた落ち葉からはゆったりと煙が立ち上り、いかにも里の風景はいいものだな、と思いました。こうして村人達はお正月を迎えるのです。

秋口に再開した調査活動はいつしか冬に、そしていつしか春になっていました。ノートが不充分だったり、石仏の年紀銘を見誤ったのではないかと疑問が生じたり、時間の経過の中で新しい知見を得て調べなおす必要に迫られたり、あれはどうだったのか、このことは、と駆け回っているうちに、いつしか四季は移ろっていきました。

農家のお家を訪ねて、広い畑の真ん中の道を歩きます。まっ青の空に林の木々が映えています。まだ冬だというのに、常緑樹が光り輝いています。梅が彩りをそえています。農村の、なにげない風景が、新鮮です。

書き上げた原稿をひとつひとつ現場で確認して歩く頃はもう夏になっているでしょう。

意図したわけではありませんが、四季の移ろいの中で、志津の魅力を胸いっぱいに感じる、調査の旅でした。

＊　＊

調査ノート②
旧版発行以後のこと

平成一二年の本書旧版発行以後の志津研究について俯瞰しておきたいと思います。俯瞰する、といっても私は全体を把握する立場にありませんので、狭い視野で知り得た限りでの話ですが。

盛んになった史跡歩き

まず、志津を歩く、というイベントが、活発に行なわれるようになりました。

毎回多くの参加者を得て行なわれる佐倉市民ハイキングクラブさんのハイキング、志津のコースも度々企画してくださっています。ほかに、佐倉地名研究会が「地名を訪ねる会」を企画して久しいのですが、志津部会が担当する志津を歩くシリーズにもたくさんの方が参加されています。

上志津原の老人クラブ双葉会さんが歩こう会を作って健康のために毎月史跡探訪をされいるのも嬉しいニュースで、志津を歩く時はご一緒させていただきました。

その他、宮ノ台隣人クラブさん、青少年育成者会議さん、井野長割の会さん、ある地区の小中三校協議会さん（教員研修）、佐倉市民カレッジの同期会さん、しづが原まちづくり協議会さんなどとは、史跡歩きをご一緒させていただきました。

まちづくり協議会といえば最近では青菅まちづくり協議会さん、井野小学校区まちづくり協議会さんが史跡歩きをされているとお聞きしています。

そのほか、いろいろなサークルやグループが史跡歩きをされています。

志津には史跡がいっぱいありますから、多くの方々に、自然と歴史にふれていただきたいと願っています。

下志津にて（中学校・志津ヶ原学習）

上志津原にて（平成 29 年 11 月、文化祭）

志津研究はどこまで進んだか

ところでこの十数年間で志津の研究はどこまで進んだのでしょうか。

■『志津のこころ』

平成一七年、志津郷土歴史同好会さん（会長・秋山宏行さん）は二〇周年のあゆみ『志津のこころ』を発行されました。志津歴史研究活動の素晴らしい成果です。

同会さんは昭和六〇年、志津公民館の郷土講座の受講生で結成されました。毎年研究テーマを決めて活動、その成果を公民館祭で発表されています。『志津のこころ』は二〇年の活動の集大成で、興味深いものでした。

例えば「子安講と十九夜講」ですが、「志津地区の子安講の始まりは延宝、貞享年代と考えられ、女人の集まりであるが、初期の頃は念仏、二世安寧、男女等が刻まれたものが多く、男女合同で祈願した」が、「安政の頃から安産、子育てに重点が置かれ、宝暦の頃より念仏、二世安寧の碑文は消えていく」などと考察しています。

「印旛沼の舟運」では「志津地区の河岸はどこに」と、小竹、岩戸、いも、先崎にあった事を明らかにしています。

「人形送り」は平成四年の公民館祭での発表ですが、もう今では出来ない調査の記録です。

私が志津の史跡に興味を持って歩き始めた頃、神楽場遺跡や木戸場の人形塚で、地元の方からお話をお聞きしたことを思い出しました。

ほか、六十六部やおびしゃなどの記録も貴重です。

ただ集まって郷土史の話をしているというだけでは、研究の成果を次代に伝えるということにはならないでしょう。毎年テーマを決めて取り組み、公民館祭で発表するという活動スタイルが、結果としてとても有効だったのではないでしょうか。公民館祭で毎年、井野の辻切りのへびづくりの体験指導をされているのも立派な姿勢です。

なお平成二七年一〇月、同会さんは三〇周年のあゆみ『志津のこころ』（会長・高山守さん）をお出しになられました。継続は力なりです。

■志津植物愛好会さん

志津植物愛好会さん（代表・田辺タツ子さん）は平成一五年、『野草とともに　二〇年のあゆみ』をおまとめになられました。市民がこんなに大切な調査活動をされているのです。これは貴重な記録です。

■佐倉地名研究会の研究発表

志津公民館祭での研究発表といえば平成二五年から参加している佐倉地名研究会志津部会の研究発表も注目されています。

「下総国余地全図」「利根川図誌の利根川全図」「道中絵巻で見る元禄の地名」「志津の地名の由来」「新しい街西ユーカリ・地名とその由来」「三峰山道中記・図絵」「和

田の地名」―いずれも力のこもった展示で、好評です。

志津公民館祭での研究発表といえば、健遊会さんの堀田様に関する継続しての研究発表、まさごの会さんによる古事記、日本書紀の研究発表なども力作で、毎年好評です。

■市民大学の研究レポート

志津公民館の講座、しづ市民大学の研究レポートも高く評価されます。

特に、しづ市民大学研究科第一期生・志津地区の歴史コース石造文化財調査班が行なった「旧小竹村」の「石造文化財調査」は、「全一八六基」を調べて「調査票」に記録したもので、貴重です。

石仏の悉皆（しっかい）調査はできれば志津全域、佐倉全域に必要なわけで、この試みは高く評価されてしかるべきです。

しづ市民大学研究科は平成一二年、しづ市民大学修了者を対象に新たに二年制のゼミ方式で設けられました。平成一四年に刊行された同科の「研究紀要」は充実した内容で、読み応えがありました。

小竹地区班の調査では前記の石造文化財調査のほか歴史、地理、教育、河岸、生活、文化などよく調べていて示唆に富みますし、下志津原地区班では、例えば下志津原大日開拓資料館保存資料のリストを作成していますが、同館の所在は私がお教えし最初同行しましたが、その後こんなに丹念に調査し記録されているとは驚きました。下志津原地区変遷についての記述も勉強になります。

■田中さんの出羽三山研究論文

平成二四年三月に発行された『佐倉市史研究』第二五号に田中征志さんの論文「出羽三山碑と宿坊加護帳にみる佐倉の人々―佐倉市下志津・上志津・小竹の例―」が掲載されました。これは素晴らしいものでした。

この『佐倉市史研究』の田中さんの論文発表について、私は佐倉地名研究会の会報『佐倉の地名』創刊号（平成二四年発行）の「地名研究会短信」欄で次のように紹介させていただきました。

「これは当地に残る出羽三山塚の碑に書かれた参拝者名と宿坊に残る加護帳の名を照合し、出羽三山信仰がどのように行なわれていたか、いるかを解明した比類なき労作です。」

「田中氏は山形県出身で、住みついた房総で出羽三山信仰が盛んなことを知って興味を抱き北総各地の三山碑を見て歩くことから研究を始め、ライフワークにしようと決心、蓄積を重ね、このほど研究の成果を世に問うこととなったものです。」

「論文は単に碑と加護帳の照合にとどまらず、その目的、自然現象、農作業のゆとりと旅の大衆化、行程など、三山信仰のありようについて考察を深め、さらに房総の人々の「北へのあこがれ」に想いを馳せる、大変興味深いものとなっています。」

■『多輪免喜』第五号の刊行

平成二二年、佐倉地名研究会さんが『多輪免喜』第五号「志津の地名」を刊行されました。同会志津部会の皆様による長年の地道な調査活動が結実したもので、志津研究にとって大きな前進です。

志津という地名にはどういう由来があるのでしょうか。それぞれの小字にはどういう意味があるのでしょうか。調査や研究が進められ、その成果が生まれていることは嬉しいことです。

志津公民館の講座・しづ市民大学などで郷土史に興味を持たれる方が毎年毎年増えていることも頼もしいことです。

■嬉しいニュース

この原稿を精査していた時、嬉しいニュースが入ってきました。

小竹在住の民俗行事写真家・山崎一夫さんが撮影した佐倉市青菅の「どんどれえ」の写真が、千葉県教育文化センター発行の『ちば―教育と文化』第八九号の巻頭グラビアを飾ったというのです。お届けいただいた雑誌を開くと、なんとグラビア四頁すべてがこれにあてられていました。そして別に解説が一頁という破格の扱いでした。山崎さんが地道に地域の民俗行事写真を長年撮り続けてきたその上での快挙で、これは嬉しいことでした。

東日本大震災と文化財保存

■木戸場梵天塚の修復

平成二三年三月一一日、東日本大震災で下志津木戸場の梵天塚の多くの石碑が倒壊しました。

危険なので地元が協議、お金を出し合い自分達で塚を改修しました。このいきさつについて私は中央公民館が発行している『なかま』第四二〇号、平成二三年一〇月号で「甦った梵天塚」と題してレポートしましたが、先祖から預かったものを大切に次代に伝えたいという、地元の方々の温かい思いが嬉しいと思いました。

■井野の成田道道標群の修復

震災といえば東日本大震災では成田街道沿い、井野の加賀清水入口にある団十郎の成田道道標のある場所で常夜塔等石塔群が倒壊しました。

周辺の展示商品（車）を損壊、そこに建て直すことは困難という話をまた聞きして時間が経過していましたが、平成二五年六月、無事、その場所で建て直すことが出来たという朗報に接しました。関係者の皆様のご苦労、ご尽力のお蔭と拝察し、感謝したいと思います。

文化財行政の進展

本書の初版を発行した平成一二年以降の十余年の間に文化行政の進展もありました。

■井野長割遺跡が国の史跡に

平成一三年三月、井野長割遺跡が国の史跡に指定されました。

平成一七年七月、先崎の蕨家住宅長屋門が、市の登録有形文化財に登録されました。

平成一九年六月、青菅のどんどれえが、市の無形民俗文化財に指定されました。

平成二二年一〇月、青菅の大塚・小塚が市の史跡に指定されました。

私はこれらのことについて詳しい情報を知り得る立場にありませんので市の広報などで知らされることしか知りませんが、その保存と活用が図られるようになったことは大変結構なことだと喜んでおります。

■旧青菅分校校舎の保存

昭和五二年に廃校になった青菅の旧青菅分校校舎については老朽化が激しくその存続が心配されていましたが、市は平成二九年四月一五日発行の『こうほう佐倉』で、「日本大学生産工学部と連携協力に関する協定を締結」を発表するなかで「老朽化した旧志津小学校青菅分校の活用についての保存と利活用に向けて、協議や検討を行なっています」と発表しました。

その後平成二九年五月九日、「築六〇年木造校舎保存へ佐倉市と日大　建築技術の教材に」（読売新聞）、「放置の校舎きれいに　日大生、保存活動で清掃」（千葉日報）、などとの新聞報道がありました。嬉しいニュースでした。校庭を含めあのレトロなたたずまいの旧青菅分校校舎の存続が確実になったのです。

■日本遺産の構成文化財

平成二八年四月、佐倉市を含む「北総四都市江戸紀行」が「日本遺産」に認定されました。佐倉市は「城下町」として位置づけられ、構成文化財として「佐倉城址」「武家屋敷群」などが選ばれているのですが、そのひとつに「佐倉道（成田街道）道標」があり、井野の団十郎の成田道道標はその代表的なものとして取り上げられています。

さらに平成三〇年五月、「加賀清水」が追加認定されました。

井野にて（写山中弘信氏）

井野にて（震災で倒壊した常夜塔）

■『佐倉市史』考古編の刊行

文化行政の進展といえば平成二六年に『佐倉市史』「考古編」が刊行されたことも嬉しいことでした。『佐倉市史』の六冊目になるこの「考古編」は実によく出来ていると感心しました。「本編」と「資料編」の二分冊からなる丁寧な編集ですが、「資料編」では地域別に各遺跡の発掘調査の結果が分かり易く紹介されています。

志津地域の各遺跡のことも、ここで詳しく知ることができます。「考古編」に掲載されている志津地区の遺跡を列挙します。①先崎西原遺跡 ②先崎城跡 ③井野城跡 ④井野長割遺跡 ⑤井野安坂山遺跡 ⑥南志津地区遺跡群（井野町大林遺跡・上志津御塚山遺跡・上志津大堀遺跡・上志津芋窪遺跡） ⑦上志津干場遺跡 ⑧上座貝塚 ⑨上座矢橋遺跡 ⑩神楽場遺跡 ⑪下志津五反目遺跡 ⑫飯郷作遺跡

市史編さん室や関係者の皆様のご努力に敬意を表します。

■文化活動の拠点・志津市民プラザ

文化行政といえば志津市民プラザの完成も特筆されることです。

これは皆様ご承知のとおり、老朽化した志津公民館の建て替えで駅前に、出張所、図書館分室、児童センター、包括支援センター等との複合施設として建設されたものですが、市民の文化活動の拠点として、使い勝手のよい施設が出来ました。嬉しいことです。

プラザの四階廊下の展示コーナーには「志津村の歴史」が展示されています。年表と歴代村長の写真で構成されています。村長さんのお写真にはまだ見つかっていないものもあるようで、佐倉市の誕生で志津村がなくなってからすでに六四年、風雪を感じさせられます。

なおこの展示は市の職員による調査研究とのこと。市民に、志津村のことを知ってほしいというメッセージのこもった展示だと思います。「志津村の歴史」のタイトルは市長・蕨和雄氏の書です。

文化財保護、市民の活動

それから、ここ数年、民間の方々のご尽力による活発な文化の営みがありました。

■佐倉市文化資産、自然遺産

平成二一年六月、先崎鷲神社の神輿及び神輿渡御が、佐倉市市民文化資産に選定されました。

平成二三年一二月、上志津の天御中主神社と八幡神社の神社と社叢が佐倉市市民文化資産に選定されました。

平成二三年三月一日、小竹城跡と小竹五郎の墓及びその周辺の里山風景が佐倉市の市民自然遺産に選定されました。

伝統文化を守っていきたい、その環境を守っていきたい、という地元の方々の郷土愛、その熱意と決意のたまものです。

進んだこと、心配なこと

以上見てきましたように志津ではここ十数年来、志津研究や文化財保護の、公私ともどもの、さまざまな活動の進展がありました。嬉しいことですし、郷土の文化を次代に伝えていくために、意義のあることだと考えます。

もちろん文化財をめぐる環境は厳しく、心配なことや課題もあります。

そこで、身近かな文化財を大切にしましょうという呼び掛けは、引き続きこの新版でも訴えておきたいと思います。

宝樹院にて（右から、ご住職、私、小坂義弘さん）

「志津」参考文献

執筆にあたり参考にしたおもなものです。＊印は受贈図書、戴いたものです。ありがとうございました。

佐倉市史（佐倉市）
巻一（昭四六）　巻二（昭四八）　巻三（昭五四）
＊巻四（平二〇）　民俗編（昭六二）　＊考古編（平二六）
佐倉市史研究　創刊号～（昭五八～　佐倉市）
風媒花　創刊号～（昭六三～　佐倉市教育委員会）
佐倉の地名　創刊号～（平二四～　佐倉地名研究会）
大日本地名辞書（明三六〔昭四七〕　冨山房）
＊下志津演習場之図（明四四　陸軍士官学校）
千葉県印旛郡誌（大二〔昭六〇〕　臨川書店）
＊大日本帝国陸地測量部測図（昭四　帝国陸地測量部）
千葉県印旛郡志津村土地宝典（昭一四　法務省）
＊志津小学校　沿革史要（昭二七　志津小学校）
＊縣営下志津地区畑地かんがい事業現形図（昭二八？）
佐倉市誌資料　一～四（昭三三～三七　佐倉市公民館）
旧高旧領取調帳　関東編（昭四四　近藤出版社）
佐倉地方文化財　三・四・八・一〇（昭四四　佐倉市文化財保護協議会）
全国寺院名鑑（昭四四　全日本仏教会）
上志津原だより　創刊号～（昭四七～　上志津原町会）
佐倉市の文化財　埋蔵文化財（昭四九　佐倉市教育委員会）
群像　六月号〔飯田章「迪子とその夫」〕（昭四九　講談社）
ふるさとの石仏（昭五〇　佐倉市教育委員会）
下志津大日開拓誌（昭五〇　編纂委員会）
＊下志津原（昭五一　陸上自衛隊高射学校）
市の案内　さくら（昭五二　佐倉市役所）

三峯山道中記図絵（昭五三　佐倉市教育委員会）
発掘された遺跡展　飯郷作遺跡（昭五五　千葉県立房総風土記の丘）
仮名垣魯文の成田道中記（昭五五　千秋社）
佐倉の歴史（篠丸頼彦　昭五六　東洋書院）
房総の古城址めぐり　下（府馬清　昭五七　有峰書店新社）
しづ（しづこうみんかんだより）〔しづの民俗〕一一七～一三一号（平元～平四　志津公民館）
＊志津かわら版　一～一四号（昭五八～平一三　魔法出版）
地区探訪（昭五八　四街道市役所）
＊わがまち中志津二〇周年記念誌（昭五八　中志津自治会）
二十周年記念町会史誌（昭五九　上志津三区町会）
佐倉市埋蔵文化財分布地図（昭五九　佐倉市教育委員会）
角川日本地名大辞典　一二・千葉県（昭五九　角川書店）
歴史研究　五月号〔志津地名考・八重尾比斗史〕（昭五九　新人物往来社）
石仏調査ハンドブック（昭五九　雄山閣）
佐倉ひとり歩き　案内帖（昭六〇　市民憲章推進協議会）
堀田家三代記（堀田正久　昭六〇　新潮社）
房総のあけぼの　Ⅱ〔飯郷作遺跡〕（昭六〇　千葉県文化財保護協会）
志津風土記の会だより　一～四号（昭六一・六二　志津風土記の会）
佐倉の地名（昭六一　佐倉市）
地名と風土　五号〔菊間・谷川対談〕（昭六一　三省堂）
地域文化の源流を地名に求めて（昭六一　佐倉市・日本地名研究所）
うするゐ　二号〔地名シンポジウム記念講演〕（昭六二　臼井文化懇話会）
佐倉の指定文化財（昭六二　佐倉市教育委員会）
房総の道　成田街道（山本光正　昭六二　聚海書林）
佐倉・酒々井・印旛（昭六二　拓宣・まき書房）
＊埋もれた志津の歴史（昭六二　県文化財センター南志津出張所）
千葉県神社名鑑（昭六二　千葉県神社庁）
千葉日報　六月五日〔上志津原のあゆみ〕（昭六三　上志津原町会）
展示学　七号〔上志津原のあゆみ展〕（昭六三　日本展示学会）
＊史談八千代　一三号〔さくら道〕（昭六三　八千代市郷土歴史研究会）
佐倉市中近世城跡測量調査報告（昭六三　佐倉市教育委員会）
佐倉の歴史を学ぶ資料集（平元　佐倉市立中央公民館）
佐倉地方の学校教育（平二　佐倉市教育委員会）
神楽場遺跡・五反目遺跡　三九（平三　印旛郡市文化財センター）
＊郷土史探訪　一（平五　八重尾等）
＊郷土史探訪　二〔西南戦争と佐倉〕（平五　八重尾等）
佐倉市上座壱番原遺跡調査報告　七〇（平六　印旛郡市文化財センター）
＊郷土史探訪　三〔石碑は語る〕（平七　八重尾等）
＊志津郷土歴史同好会会報　一、三号〔子安講、六地蔵〕（平七、八　同会）
鹿放ヶ丘開拓五〇年史　拓く（平七　周年記念事業委員会）
日本歴史地名大系　一二・千葉県（平八　平凡社）
＊ふるさと志津「ひとり歩き」（平八　志津郷土歴史同好会）
房総の石仏　一一号〔初期庚申塔〕（平八　房総石造文化財研究会）
佐倉細見　改訂二版（平八　佐倉市教育委員会）
＊佐倉・地名のささやき（平八　松裏善亮）
多輪免喜　一～七号（平八～二七　佐倉地名研究会）
ユーカリが丘ニュース　一号～（平八～　山万株式会社）
＊上志津四区町づくり（平九　上志津四区）
房総の道標　資料編（金田英二　平九　東洋ビジネス）
＊宝樹院寺史　資料（平一〇　宝樹院（昭六二））
＊金嶺山　宝樹院（平一〇　宝樹院）
＊白隠と佐倉（文責・加藤泰裕　平一〇　臨済宗七転会・宝樹院）
＊明治から現代まで　志津の年表（平一〇　志津公民館・高橋三千男）
＊ユーカリが丘　夢百科（平一〇　山万株式会社）
＊新交通システムユーカリが丘線（平一〇　山万株式会社）
上志津原のおいたち（長谷川定房　平一〇　志津文庫）
上志津原周辺の史跡（宮武孝吉　平一〇　志津文庫）

上志津原の地名を探る（宮武孝吉　平一〇　志津文庫）
鈴木貞雄博士講義資料（平一〇　佐倉市立志津図書館）
ニッポン日記〔下志津原演習場の戦後処理〕（マーク・ゲイン　平一〇　筑摩書房）
＊中志津三十周年記念誌（平一一　中志津自治会）
原始・古代の佐倉（平一一　佐倉市）
＊歩いて出会う人々のくらし（長典子　平一二　志津公民館）
中世の佐倉（平一二　佐倉市）
近代の佐倉（平一三　佐倉市）
＊臼井城物語（小畑良夫　平一三　崙書房）
志津地区石造物目録（木村雅夫　平一三　志津公民館蔵）
＊八千代の道しるべ（先崎・小竹）（平一三　八千代市郷土歴史研究会）
フィールドブック　七〔先崎西原遺跡〕（平一三　印旛郡市文化財センター）
四街道の歴史　創刊号〜一〇号（平一四〜二七　四街道市教育委員会）
＊第六回遺跡発表会〔井野長割遺跡〕（平一四　印旛郡市文化財センター）
＊旧小竹村・石造文化財調査報告書（平一四　志津公民館）
佐倉地名研究会会報　二三〔上志津原の形成〕（平一四　同会）
しづ市民大学研究科研究紀要　一〜八（平一四〜二四　志津公民館）
＊野草とともに　二〇年のあゆみ（平一五　志津植物愛好会）
＊シンポジウム井野長割遺跡を考える（平一六　佐倉市教育委員会）
井野長割遺跡　第四次（平一六　印旛郡市文化財センター）
井野長割遺跡　六・七次（平一六　印旛郡市文化財センター）
第八回遺跡発表会〔井野城跡〕（平一六　印旛郡市文化財センター）
写真に見る佐倉（平一六　佐倉市）
月刊文化財　三月号〔井野長割指定〕（平一七　文化庁）
＊鷲神社（平一七　地元）
＊志津のこころ　二〇周年記念誌（平一七　志津歴史同好会）
下総佐倉の農民騒動（須田茂　平一八　崙書房）
＊八幡神社（平一八　上志津一区）
＊社・寺だより　創刊号（平一八　上志津）
上志津千場遺跡　第二次（平一九　佐倉市教育委員会）
週間新潮　一〇月九日〔墓碑銘・今きよ〕（平二〇　新潮社）
房総の石仏　二〇〜二二〔北総の子安像塔・蕨由美〕（平二一〜二四　房総石造文化財研究会）
＊佐倉歴史同好会十六周年の歩み（平二二　佐倉歴史同好会）
多輪免喜　第五号　志津の地名（平二二　佐倉地名研究会）
小竹西福寺石造文化財調査報告書（平二三　志津文庫）
下志津木戸場梵天塚調査報告書（平二三　志津文庫）
なかま　一〇月号〔甦った梵天塚〕（平二三　佐倉市立中央公民館）
＊上志津小学校創立五十周年記念誌（平二三　上志津小学校）
＊今東光と上志津小（平二四　上志津小学校）
＊出羽三山碑と宿坊加護帳にみる佐倉の人々（平二四　田中征志）
京成電鉄（三好好三　平二四　彩流社）
会報　一一八号〔佐倉周辺出羽三山碑・田中征志〕（平二五　房総石造文化財研究会）
鉄道ファン　八月号〔新交通山万編・渡部史絵〕（平二六　交友社）
京成の駅今昔（石本祐吉　平二六　ＪＴＢ）
千葉県詩集　四七集〔神楽場遺跡〕（平二六　千葉県詩人クラブ）
＊あるこうかい　佐倉市の史跡と名所巡り（平二六　上志津原双葉会）
＊志津のこころ　三〇周年記念誌（平二七　志津歴史同好会）
少年がつくった街「鹿放ヶ丘開拓」（平二七　四海道市民ミュージカル）
母の祈り・利根川下流域の女人（平二七　県中央博物館利根川分館）
＊井野小学校区〔地域発見活動報告・お散歩マップ〕（平二八　まちづくり協議会）
＊大雄山報恩寺（だるま寺）（平二九　報恩寺）
＊土と風（大谷照　平二九　大谷照）
佐倉の地名　一七号〔文化財の登録制度　宮武孝吉〕（平二九　佐倉地名研究会）
白門三六會報　四七号　創立二五周年記念号特集〔文化財の登録制度　宮武孝吉〕（平三一　中央大学学員会白門三六会）

あとがき

昭和六一年四月から一年間、私は町会の広報紙『上志津原たより』に「上志津原とその周辺の史跡と名所」を書きました。班長の役目が廻ってきて広報を担当することになり、広報紙になにか魅力的な読み物をということで始めたのですが、調べてみるとなにげなくたたずむ身近かな文化財が私達に語り掛けるものは実に興味深いものでした。だからそれを書きました。はたして町会の人たちからは「近くにあんなものがあるなんて知らなかった。さっそく行って見てきたよ」「連載が井戸端会議の話題になっていますよ」などの反響がありました。

一年任期の班長のお役目が終り連載終了後、私は調査対象地域を志津全域に広げてみることにしました。先崎、青菅、小竹、上座、井野、上志津、下志津―志津地区には実に魅力的な文化財がたくさんあることを知りました。身近かにこんな文化財が―地域を見つめる時、私達はその語り掛けるものの豊かさを知ることができます。

しかし考えて見ればこれはごく当たり前のこととも言えます。私達の祖先がこの地を開き、この地に生き、この地で生活し文化の営みを続けてきたのです。この地に残された文化財のもつ意味が軽かろうはずはありません。都（みやこ）の文化だけがこの国の文化だったのではありません。身近かにある「地域の中の文化財」をみんなで大切に守っていきたいものです。

庭先で、農作業台で、縁側で、畑で、お話をお聞かせくださった方々に厚くお礼を申し上げます。そのほかたくさんの方々にお世話になりました。ありがとうございました。

なにかと不十分な点があろうかと思います。お気づきのことがありましたら、ぜひお教えいただければ幸いです。

＊

以上は旧版に書いたものですが、今も想いは変わりません。「地域の中の文化財」が、各地で大切にされていくことを願います。

謝意

「はじめに」で書きましたように本書は平成一二年に発行した旧版『志津の史跡と名所』の改訂新版です。旧版は平成二〇年頃にはなくなりました。その後もこの本がほしい、というありがたいお声は途切れることはありませんでした。しかし再版はしないつもりでした。

ところが最近、里山の保全活動をされていらっしゃる飯田富雄様から、ぜひ再版を、なにか課題があるなら協力するから、という熱いお言葉をいただきました。背中を押してくださる方と巡りあったお蔭で、なんとかもう一度、元気を出してみることにしました。飯田様のご友人である山中弘信様も共にご協力いただけるという、力強い環境が整いました。山中様には調査に同行していただくなどお世話になりました。

というわけで、再版にご協力いただきました飯田富雄様と山中弘信様に、厚くお礼を申し上げます。

初版から十数年の歳月を経過しました。この間、地域から、仲間から、学んだことを反映するために、手直しをしなければならないところがいっぱいありました。

見直しにあたっては、お世話になっている佐倉地名研究会の皆様から日頃いろいろお教えいただいたことがとても役に立ちました。お礼を申し上げます。

佐倉地名研究会の皆様方は郷土史にとても造詣が深く、現地調査や研究発表、会合での議論や情報交換などで多くのことを学ばせていただきました。調査ノートにも書きましたように、ここ一〇数年来の志津研究の進展は目覚しいものがあったのですが、地名研究会の皆様と共に研鑽させていただいたことは幸せなことでした。

最後に、旧版の改訂新版をこんなにすてきな本にしてくださった大空社出版のみなさまに厚くお礼を申し上げます。

平成三〇年八月　　宮武孝吉

著者紹介　宮武孝吉（みやたけ たかよし）

昭和13年東京で生まれる。19年戦争で縁故疎開、香川県で育つ。高校卒業後上京。現在、千葉県佐倉市上志津原在住。

昭和55年4月、東京都の江戸川区は全国で初めて登録制度を取り入れた文化財保護条例を制定したが、その文化財保護行政に従事し、地域の中の文化財を大切に、という文化財保護の新しい思想を学ぶ。

文化財の登録制度は、国（文化庁）でも当初から注目していたが、江戸川区に続き東京都ではほとんどの区が導入するなど、とりわけ地域の文化財を保存・活用する有効な手段として、普及されつつある。なお、国では当初、建造物に限って登録制度をスタートさせ、各自治体にも波及、のちに国は対象分野を美術工芸品などにも広げた。

（本書は『志津の史跡と名所』（志津文庫）を改訂・改題し出版したものです。）

歩《ある》いてみよう 志津《しづ》 史跡《しせき》・いまむかし

2000年7月1日　初版
2001年4月1日　第二版
2018年9月8日　改訂・改題第一刷
2019年4月25日　第二刷

著者　宮武孝吉

発行者　鈴木信男
発行所　大空社出版㈱
〒114-0032 東京都北区中十条4-3-2
電話 03-5963-4451　FAX 03-5963-4461

万一、落丁・乱丁の場合はお取り替えいたします。

ISBN978-4-908926-55-6 C0021　定価（本体1,200円＋税）

志津の地名

（大字・小字名）

参考：佐倉市市民部地域振興課編『佐倉の地名』（昭和61年 佐倉市）
編纂委員会編『角川日本地名大辞典 12 千葉県』（昭和59年 角川書店）
佐倉地名研究会『多輪免喜 第5号 志津の地名』（平成22年 佐倉地名研究会）他

*先崎《まっさき》……馬坂《うまさか》、木ノ宮《きのみや》、久保台《くぼだい》、栗下《くりした》、郷《ごう》、作花《さくはな》、下田《しもだ》、高塚《たかつか》、天王《てんのう》、堂下《どうした》、堂谷津《どうやつ》、中ノ宮《なかのみや》、西原《にしはら》、西谷津《にしやつ》、子ノ橋《ねのはし》、浜田《はまだ》、古内《ふるち》、細町《ほそまち》、先崎干拓《まっさきかんたく》、宮ノ越《みやのこし》、柳島《やなぎしま》、屋明田《やめいだ》、領替《りょうがえ》

*青菅《あおすげ》……稲荷《いなり》、内野《うちの》、大塚《おおつか》、大和田《おおわだ》、上ノ山《かみのやま》、木ノ宮《きのみや》、木ノ宮大割《きのみやおおわり》、郷口《ごうぐち》、下ノ崎《したのさき》、新林《しんばやし》、陣屋口《じんやぐち》、新山《しんやま》、西ノ山《にしのやま》、根崎《ねざき》、葉代台《はしろだい》、東台《ひがしだい》、東前田《ひがしまえだ》、広野《ひろの》、前野《まえの》、門原《もんばら》

*小竹《おだけ》……後谷津《うしろやつ》、大原《おおはら》、大山下《おおやました》、扇立《おぎたて》、踊場《おどりば》、折元《おりもと》、木戸谷津《きどやつ》、郷《ごう》、古橋原《こはしはら》、米内《こめのうち》、城口《じょうぐち》、水神橋《すいじんばし》、水神前《すいじんまえ》、手繰《たぐり》、中内《なかうち》、中橋《なかばし》、西ノ作《にしのさく》、西ノ台《にしのだい》、登戸《のぼりと》、原ヶ作《はらがさく》、弁天後《べんてんうしろ》、御門屋敷《みかどやしき》、宮ノ後《みやのうしろ》、向台《むかいだい》、埜田《やた》、山崎《やまざき》、小竹干拓《おだけかんたく》

*上座《じょうざ》……安土《あづち》、荒具《あらぐ》、一番原《いちばんはら》、後《うしろ》、上ノ田《かみのた》、萱橋《かやばし》、鍬ノ作《くわのさく》、新山《しんやま》、高田《たかだ》、土引田《つちひきだ》、遠間作《とおまざく》、遠山《とおやま》、西谷津《にしやつ》、子ノ上《ねのかみ》、原ヶ作《はらがさく》、古山《ふるやま》、矢口《やぐち》、矢橋《やばし》、六所《ろくしょ》

*井野《いの》……安坂ヶ山《あさかやま》、油免《あぶらめん》、池の作《いけのさく》、一里塚《いちりづか》、井野下《いのした》、内野《うちの》、大野《おおの》、加賀清水《かがしみず》、上谷津《かみやつ》、萱橋《かやばし》、北側《きたがわ》、庚申前《こうしんまえ》、作畑《さくはた》、清水下《しみずした》、清水台《しみずだい》、新造間作《しんぞうまさく》、外山《そとやま》、俵房《たわらんぼう》、堂下《どうした》、長割《ながわり》、仁右衛門作《にうえもんさく》、西谷《にしやつ》津、子ノ神《ねのかみ》、半蔵屋敷《はんぞうやしき》、東作《ひがしさく》、東作台《ひがしさくだい》、前畑《まえはた》、町田《まちだ》、松山《まつやま》、南作《みなみさく》、宮ノ台《みやのだい》、向原《むかいはら》、向山《むこうやま》、柳作《やなぎさく》

*井の町《いのまち》……稲荷前《いなりまえ》、大林《おおばやし》、北林《きたばやし》、庚申前《こうしんまえ》、西林《にしばやし》、丸林《まるばやし》

*上志津《かみしづ》……赤弥陀《あかみだ》、井戸沢《いどざわ》、芋窪《いもくぼ》、入ノ郷《いりのごう》、内大堀《うちおおぼり》、往来向《おうらいむこう》、大境《おおさかい》、大塚《おおつか》、大堀《おおぼり》、大谷津《おおやつ》、大山《おおやま》、御塚《おづかやま》山、北中野《きたなかの》、込ノ内《こめのうち》、小谷向《こやむかい》、下向《したむこう》、下ノ作《しものさく》、新田後《しんでんうしろ》、東間作《とうかんざく》、中根花《なかねばな》、長和田《ながわだ》、西野《にしの》、橋戸《はしど》、原山《はらやま》、東沢《ひがしざわ》、深作《ふかさく》、房向台《ぼんけでい》、房向《ぼんけ》、干場《ほしば》、前橋《まえばし》、南中野《みなみなかの》、宮入台《みやいりだい》、元中野《もとなかの》、矢橋《やばし》

*下志津《しもしづ》……飯合(郷)作《いいごうさく》、泉和田《いずみわだ》、牛ケ久保《うしがくぼ》、大口《おおぐち》、大西《おおにし》、金(兼)丸《かなまる》、北ノ崎《きたのさき》、木戸場《きどば》、源遠田《げっとおだ》、五反《ごたんめ》目、坂本《さかもと》、作ノ谷津《さくのやつ》、申塚《さるづか》、三斗牧《さんとまき》、志津橋《しづばし》、清水作《しみずさく》、上座橋《じょうざばし》、上峠《じょうびょう》、白井作《しらいざく》、手室《てむろ》、中野《なかの》、兵衛山《ひょうえやま》、弁天《べんてん》、御門作《みかどさく》、宮下《みやした》、山ノ下《やまのした》

（以上五十音順）